Wszechświat • Planeta Ziemia • Świat starożytny • Świat żywych stworzeń • Rośliny • Dinozaury

Chcę wiedzieć

dlaczego

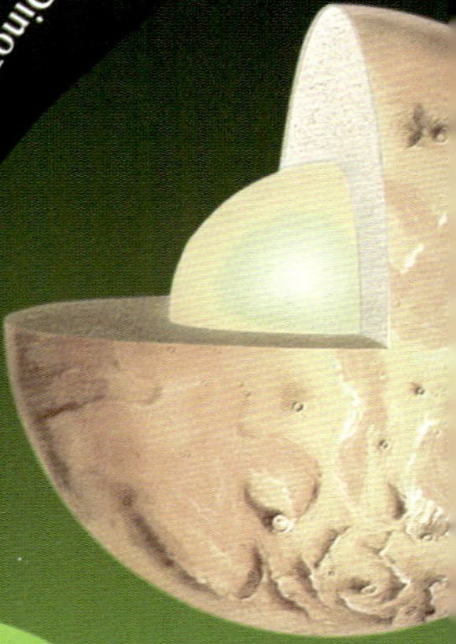

1

Seria: CHCĘ WIEDZIEĆ
„DLACZEGO...?"

Tytuł oryginału: *Let me Know Why...?*

Opracowanie graficzne wydania oryginalnego:
XACT TIMES PRODUCTION TEAM

Redaktor prowadzący: Krzysztof Jędrzejewski

Tłumaczenie: Kornel Karbowniczek
Opracowanie techniczne: Arkadiusz Dziewiecki
Pre-press: NEIZ, Warszawa 2009

Nasz adres: Bellona SA
ul. Grzybowska 77, 00-844 Warszawa
Dział Wysyłki: tel. 022 457 03 06, 022 652 27 01
fax 022 620 42 71
e-mail: biuro@bellona.pl
www.bellona.pl

ISBN 978-83-11111-73-8

Printed in India

Bellona
Redakcja Wydawnictw Dziecięcych

Spis treści

Wstęp

Dzieci już od najmłodszych lat są ciekawe świata i chcą znać wiele rozmaitych faktów i pojęć związanych z otaczającą je rzeczywistością. Ich umysły dręczą setki trudnych pytań, zaczynających się od: jak, kiedy, dlaczego, kto, co, lub czy. Dokładne odpowiedzi na te pytania powinny być podane w przystępnej, atrakcyjnej formie.

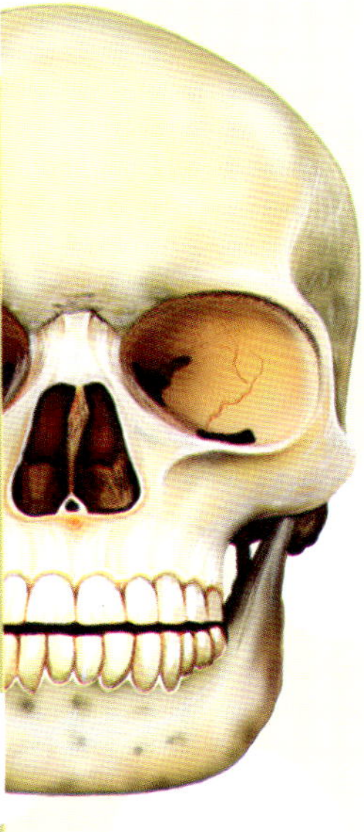

Seria *Chcę wiedzieć* jest próbą zgromadzenia wiedzy ze wszystkich znanych dziedzin. Porusza zagadnienia dotyczące wszechświata, planety Ziemi, świata starożytnego, świata żywych stworzeń, roślin, dinozaurów, rzek i oceanów, ciała ludzkiego, świata nauki, kultury i sztuki, odkryć i wynalazków, sportu oraz cudów świata.

Ta wszechstronna książka zachęci najmłodszych do poznawania świata. Zawarte w niej informacje przekazywane są jako zbiór zdumiewających, niesamowitych faktów, które przykuwają uwagę dzieci, inspirując je do własnych odkryć. Wiedza przyswajana z własnej chęci zostaje zapamiętana najdłużej.

Naszą serię podzieliliśmy na osobne tomy, z których każdy zawiera odpowiedzi na określony typ pytań. Tom, który właśnie czytasz, odpowiada na pytania zaczynające się od „Dlaczego...”. Efektowna kompozycja oraz kolorowe ilustracje sprawią, że dziecko z przyjemnością będzie wracało do tej książeczki.

Wszechświat

Dlaczego nie czujemy, że Ziemia się obraca?

Ponieważ prędkość można odczuć tylko w momencie jej zmiany, a Ziemia obraca się z prędkością stałą: wokół własnej osi 1800 km/godz., natomiast prędkość poruszania się wokół Słońca wynosi 30 km/s. Zatem nie odczuwamy ani przyspieszeń ani zwolnień.

Dlaczego binarne gwiazdy mają właśnie taką nazwę?

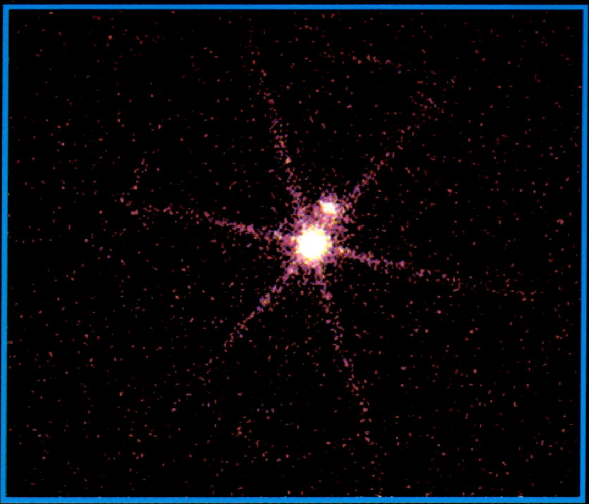

Gwiazdy binarne (podwójne) poruszają się po eliptycznych orbitach i tak też są widziane z Ziemi. Jeśliby patrzeć tylko przy pomocy oczu wyglądają jak jedna. Dopiero użycie teleskopu umożliwia rozróżnienie. Gwiazdy te nie zawsze orbitują wokół siebie, natomiast ustawiają się w ten właśnie sposób.

Dlaczego zorza przyjmuje kształt draperii?

Taki kształt nadają zorzy naładowane elektrony poruszające się zgodnie z zasadami wyznaczonymi przez pole magnetyczne, czyli równolegle do niego. Kiedy słoneczny wiatr dociera do zewnętrznych warstw pola magnetycznego Ziemi, wpływa na takie właśnie ułożenie się elektronów.

Dlaczego po Wielkim Wybuchu materia ponownie zaczęła się łączyć?

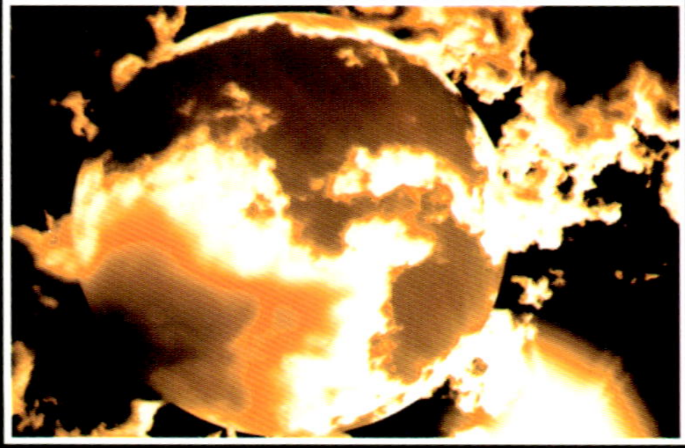

Wielki Wybuch to jeden z najbardziej prawdopodobnych modeli powstania wszechświata. Zgodnie z tą teorią w wyniku wybuchu materia zaczęła rozprzestrzeniać się we wszystkich kierunkach. Następnie, prawdopodobnie pod wpływem grawitacji, doszło do połączenia się materii i powstania, między innymi, gwiazd i galaktyk.

Dlaczego powstały neutrony?

Neutrony odpowiedzialne są za energię niezbędną do poruszania się – są to małe, o praktycznie zerowej masie, cząsteczki, które wchodzą w interakcje z materią przy pomocy słabej siły nuklearnej. Siła ta nadaje neutronom te same właściwości co materia. Słońce i inne gwiazdy produkują neutrony w wyniku nuklearnych fuzji i procesów rozkładu wewnątrz jąder.

Dlaczego komety mają ogony?

Kometa wystarczająco daleko oddalona od Słońca to zwykły lodowy blok bez żadnego ogona, ale wraz ze zbliżaniem się komety do Słońca, dochodzi do ogrzewania i topienia się kawałków lodu. Proces ten powoduje, iż za kometą ciągnie się długi ogon gazów i pyłów.

Dlaczego promieniowanie wytwarzane przez obiekty znajdujące się w kosmosie nie jest dla nas niebezpieczne?

Przede wszystkim dlatego, że jest bardzo słabe. Energia ta pozwoliłaby komarowi na zaledwie jeden ruch skrzydłami. Dodatkowym argumentem jest odległość obiektów wytwarzających promieniowanie od powierzchni Ziemi.

Dlaczego Olympus Mons jest wyższy niż jakikolwiek wulkan na Ziemi?

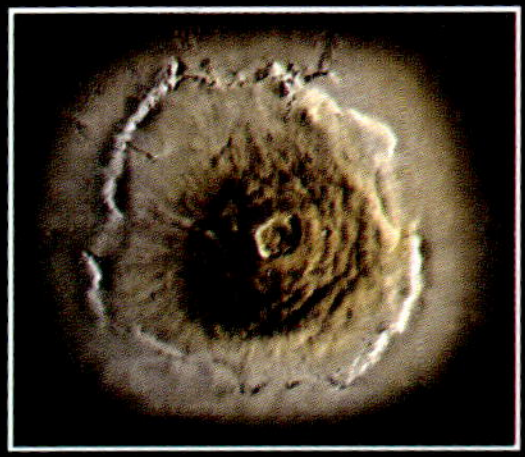

Olympus Mons to wulkan tarczowy uformowany przez wielkie, powtarzające się co jakiś czas, spokojne wylewy magmy. Swoje potężne rozmiary zawdzięcza zapewne temu, że na Marsie nie ma ruchów płyt tektonicznych i dzięki temu wulkan był na stałe związany z zasilającym go źródłem magmy, co pozwoliło wypływać gorącej magmie przez nieporównywalnie dłuższy okres niż wynosi przeciętna aktywność wulkanu na Ziemi.

Dlaczego Mars ma tak cienką warstwę atmosfery?

W październiku 2008 roku naukowcy znaleźli dowód na to, że atmosfera Marsa jest niszczona przez wiatr słoneczny, który rozrywa całe jej warstwy i unosi je w kosmiczną pustkę. Jest to z pewnością jedna z przyczyn szczątkowej atmosfery Marsa.

Dlaczego kometa Halleya nosi taką nazwę?

Edmund Halley był brytyjskim astronomem, który jako pierwszy określił orbity po jakich poruszają się komety, a co za tym idzie przepowiedział powrót danej komety; stąd jej nazwa.

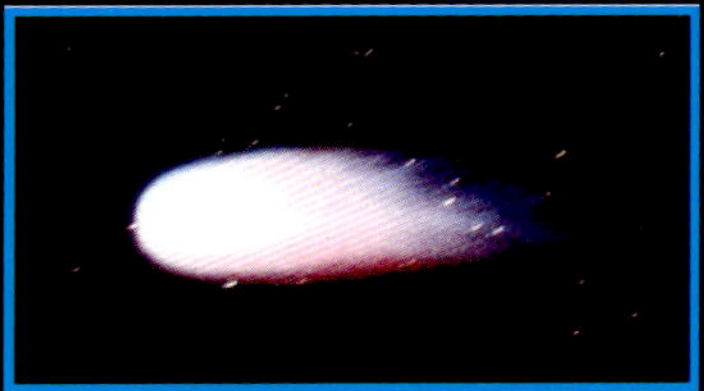

Dlaczego Jowisz nosi nazwę „odkurzacza" Układu Słonecznego?

Jowisz został nazwany „odkurzaczem" Układu Słonecznego, ponieważ przyciąga do siebie komety, asteroidy i meteoryty, których orbity mogłyby być kolizyjne wobec Ziemi. Planeta ma silne pole magnetyczne – 19 000 razy silniejsze od ziemskiego.

Dlaczego Wenus jest bardziej gorącą planetą od Merkurego?

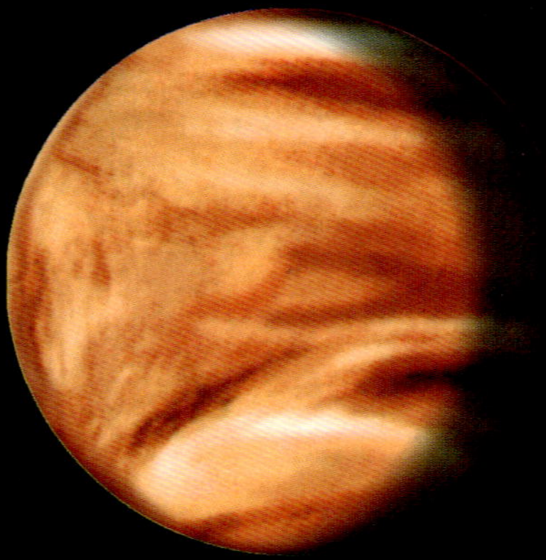

Niebo na Wenus pokryte jest chmurami. Chmury te zatrzymują promienie słoneczne i nie pozwalają im uciec z powrotem do atmosfery i dlatego, mimo iż Merkury znajduje się bliżej Słońca, to na Wenus jest wyższa temperatura. Temperatura na Wenus wynosi 465°C, natomiast na Merkurym średnia temperatura wynosi 350°C.

Dlaczego nie jesteśmy w stanie dostrzec faz na Merkurym?

Merkury, pierwsza planeta od Słońca, wchodzi w rozmaite fazy, takie jak: pełnia, nów, pierwsza kwadra, ostatnia kwadra itp. Fazy te nie są jednak widzialne ze względu na fakt, iż Merkury nigdy nie oddala się za bardzo od Słońca. Podobnie rzecz ma się z fazami na Wenus, gdzie także przy pomocy „nieuzbrojonego" oka nie jesteśmy w stanie ich dostrzec.

Dlaczego Merkury nie ma księżyców?

Naukowcy uważają, iż powodem jest bliskość Słońca, którego silna grawitacja uniemożliwia poruszanie się jakimkolwiek obiektom wokół planety. W Układzie Słonecznym istnieją tylko dwie planety, które nie mają ani pierścieni, ani naturalnych satelitów – Merkury i Wenus.

Dlaczego Wenus uważana jest za bliźniaka Ziemi?

Żadna inna planeta nie zbliża się tak blisko do Ziemi jak Wenus. Ponadto obie planety mają bardzo zbliżone rozmiary. Średnica Wenus jest tylko 650 km mniejsza od średnicy Ziemi. Także klimaty można uznać za w miarę podobne. Z Ziemi Wenus wygląda na najjaśniejszą z planet, jaśniejszą nawet od gwiazd.

Dlaczego na Wenus występują wulkany?

Astronomowie uważają, iż wnętrze Wenus jest zbliżone do ziemskiego. Składa się z jądra (złożonego z żelaza) oraz płynno-kamienistej powłoki. Tak jak na Ziemi napięcia w powłoce powodują nacisk na powierzchnię, co doprowadza do wypiętrzeń w różnorodnych miejscach planety. Na Wenus znajduje się blisko 1600 takich wulkanów.

Dlaczego księżyce Marsa noszą nazwy Fobos i Deimos?

Nazwał je tak Asaph Hall. Pewnego dnia miał już dość obserwacji tej planety i zdecydował się położyć spać. Jego żona nie pozwoliła mu na to i zmusiła go do dalszych obserwacji. W wyniku czego właśnie tamtej nocy odkrył dwa księżyce Marsa. Przymuszony strachem przed żoną, nazwał księżyce Fobos (strach) i Deimos (panika).

Dlaczego Księżyc przybiera czasem pomarańczową barwę?

Na taki kolor mają wpływ promienie słoneczne, a także pył, smog i inne zanieczyszczenia atmosfery. Kiedy Księżyc znajduje się w pobliżu horyzontu, światło słoneczne przechodzi przez znaczną część atmosfery. Kolor pomarańczowy jest wynikiem zdekoncentrowania światła przez molekuły powietrza.

Dlaczego Tryton uważany jest za najbardziej niezwykły księżyc Układu Słonecznego?

Największy księżyc Neptuna – Tryton – to jedno z najzimniejszych miejsc we wszechświecie z temperaturą –235°C. Jest też jednym z niewielu księżyców w Układzie Słonecznym, który jest aktywny geologicznie. Tryton porusza się ruchem wstecznym wokół swojej planety. Został odkryty w 1846 roku przez W. Lassella.

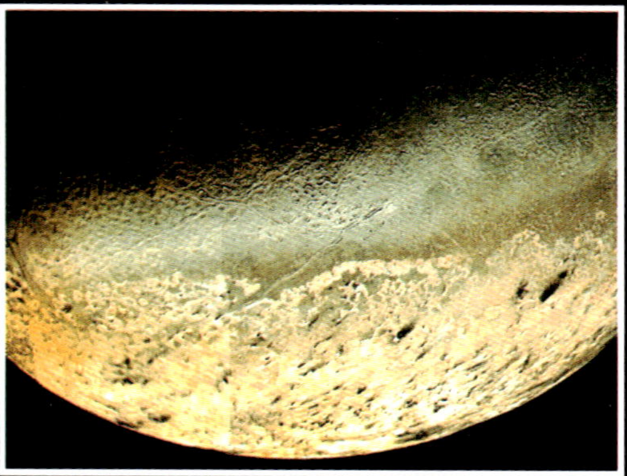

Dlaczego Neptun zwany jest czasem „matematyczną" planetą?

Dlatego, że Neptun został odkryty za pomocą matematycznych obliczeń – stąd właśnie ta dziwna nazwa. Po odkryciu Urana naukowcy zaczęli podejrzewać, iż musi istnieć jeszcze jedna planeta. Istnienie Neptuna zostało przewidziane przez Johna Couch Adamsa. Zostało to potwierdzone setkami matematycznych obliczeń, a samo odkrycie miało miejsce w Berlinie w 1846r.

Dlaczego Urana i Neptuna uważa się za podobne planety?

Wnętrze obu planet to zamrożony metan. Poza tym podobieństwem, magnetosfery obu planet zostały stworzone przez ruch wewnątrz planet, co w dalszej części doprowadziło do wytwarzania ciepła i niespotykanych dotąd w atmosferach wiatrów.

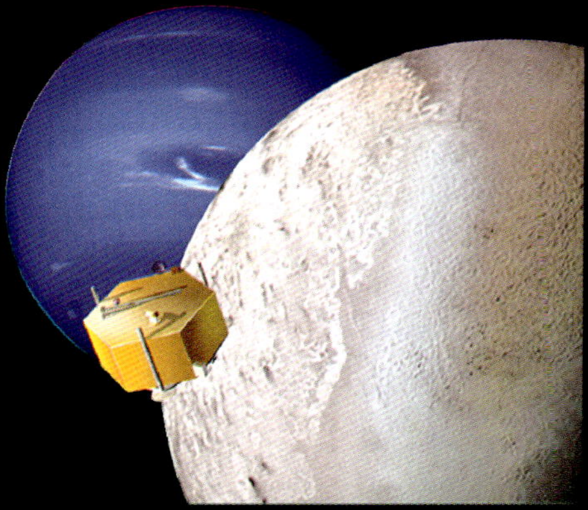

Dlaczego Plutona zalicza się do planet karłowatych?

Pluton cały czas jest planetą, ale zaliczoną do nowej grupy tzw. planet karłowatych. Planeta taka to ciało niebieskie, orbitujące wokół Słońca, posiadające własną masę i grawitację i jednocześnie taka, która nie doprowadziła do zniszczeń wokół własnej orbity.

Dlaczego Uran jest niebieski?

Z powodu składu swojej atmosfery, w której występuje przede wszystkim wodór, hel i metan. Kiedy światło słoneczne dociera do Urana, metan absorbuje czerwone światło, natomiast odbija niebieskie. W ten sposób Uran wydaje się być całkowicie niebieską planetą.

Dlaczego Saturn i Jowisz mają tak wiele księżyców?

Naukowcy uważają, że po sformowaniu się Jowisza i Saturna pozostało prawdopodobnie bardzo dużo materii, która następnie skondensowała się i doprowadziła do powstania księżyców. Najbardziej zewnętrze księżyce to prawdopodobnie przechwycone asteroidy. Jak dotąd Saturn posiada 52, natomiast Jowisz 63 odkryte księżyce. Księżyce te różnią się między sobą zarówno rozmiarem, jak i kształtem.

Dlaczego Saturn nie mógłby zatonąć?

Ponieważ gęstość Saturna jest mniejsza od gęstości wody (0,7 g/cm^3), podczas gdy woda ma gęstość 1 g/cm^3). Powodem tego jest skład jego atmosfery (wodór i hel). Gdyby zbudować olbrzymią wannę i wrzucić do niej Saturna, nie utonąłby.

Dlaczego teleskopy słoneczne różnią się od pozostałych teleskopów?

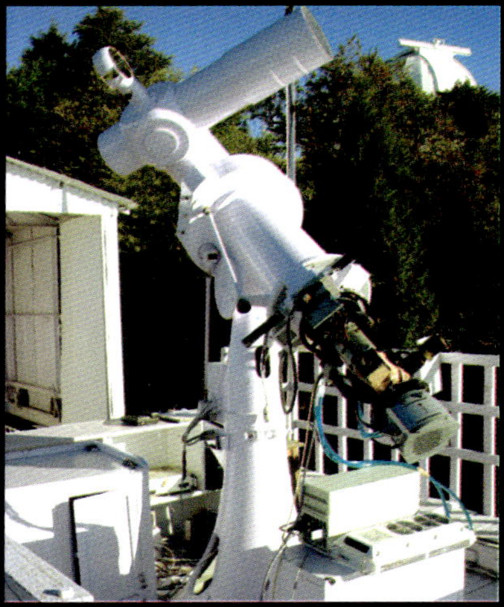

Teleskopy słoneczne są specjalnie przygotowane do obserwacji gorącego, jasnego Słońca. Są to jedne z największych teleskopów na świecie, dodatkowo wyposażonych w system płaskich, optycznych luster, które namierzają Słońce i przekierowują się bezpośrednio na nie.

Dlaczego teleskopy umieszczane są na szczytach gór?

Teleskopy są umieszczane na dużych wysokościach aby znajdowały się jak najwyżej w atmosferze. Atmosfera przeszkadza w obserwacjach astronomicznych, stąd próby jej ominięcia lub zminimalizowania wpływu. Im wyżej, tym powietrze jest czystsze i możliwości obserwacji nieba znacznie lepsze, niż miałoby to miejsce niżej.

Dlaczego Droga Mleczna nosi właśnie taką nazwę?

Kiedy naukowcy odkryli całość galaktyki, nazwali ją odpowiednio do jej wyglądu na mapie nieba. Nazwa łacińska to Via Lactea, gdzie via znaczy droga, a lactea – mleko. Jest to galaktyka, w której znajduje się między innymi także nasz Układ Słoneczny.

Dlaczego satelity pozostają na orbitach?

Wpływają na to dwa podstawowe czynniki. Pierwszym czynnikiem jest prędkość satelity z jaką poruszałaby się po linii prostej, natomiast drugim przyciąganie grawitacyjne pomiędzy Ziemią a satelitą.

Dlaczego astronauci, przebywając w kosmosie, muszą wykonywać ćwiczenia fizyczne?

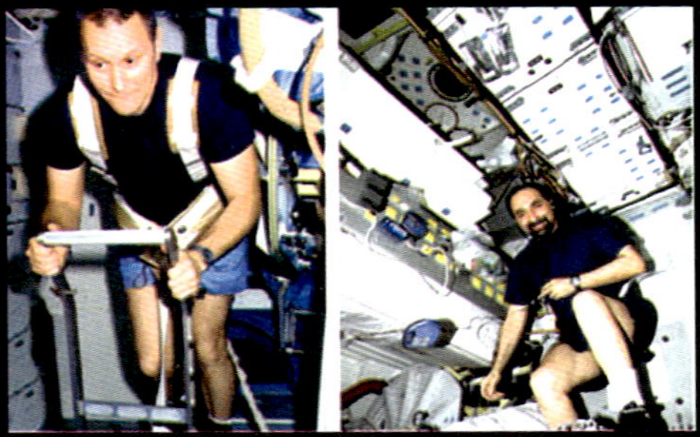

Ćwiczenia pozwalają mięśniom i stawom w utrzymaniu sprawności. Astronauci w kosmosie znajdują się w środowisku o zerowej grawitacji, ich mięśnie praktycznie więc nie pracują. Aby się poruszać nie potrzebują wykonywać żadnego ruchu mięśniami.

Dlaczego astronauci potrzebują kombinezonów kosmicznych?

Bez kombinezonów astronauci musieliby stawić czoło zmiennym temperaturom i różnorodnemu promieniowaniu. Zagrażałby im również brak powietrza.

Dlaczego naukowcy teoretyzują o istnieniu życia na Enceladusie?

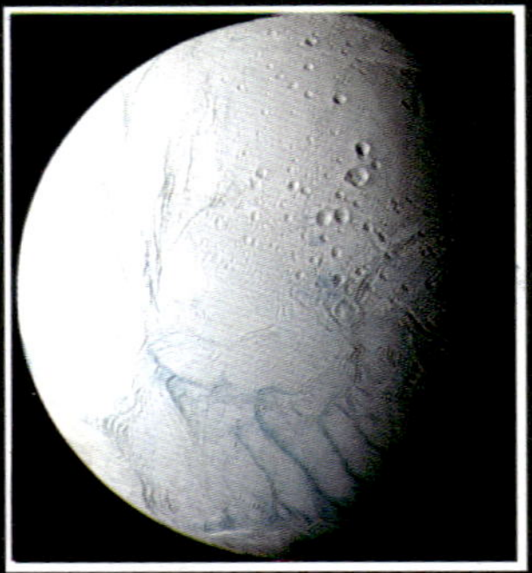

Enceladus posiada atmosferę, która jest jednym z warunków istnienia życia. To szósty co do wielkości księżyc Saturna. Został odkryty przez Williama Herschela w 1789 r. Jest jednym z trzech miejsc w Układzie Słonecznym, poza Jowiszem i Trytonem, gdzie zaobserwowano aktywne erupcje.

Dlaczego, pomimo światła emitowanego przez gwiazdy, noc jest tak ciemna?

Naukowcy uważają, że jednym z powodów jest stale zwiększająca się odległość pomiędzy obiektami w kosmosie. Kosmos wciąż poszerza się, zmniejszając tym samym ilość światła docierającego do Ziemi.

Dlaczego Ziemię nazywa się niebieską planetą?

Ziemia otoczona jest warstwą atmosfery, która widziana z kosmosu wydaje się cienką niebieską powłoczką otaczającą Ziemię. Mimo iż warstwa atmosfery wynosi 900 km, jest ona nikła w porównaniu z rozmiarami Ziemi. Jeśli porównać Ziemię do jabłka, to atmosfera byłaby zaledwie skórką.

Dlaczego Księżyc zmienia swój kształt?

Tak naprawdę Księżyc nie zmienia swojego kształtu nawet o centymetr. Jest to tylko złudzenie będące pochodną oglądania Księżyca z Ziemi. Iluzja ta powstaje, kiedy Księżyc porusza się wokół Słońca, a Słońce oświetla każdej nocy inną jego część. Proces ten trwa 27 dni, podczas których Księżyc okrąża Ziemię, a także obraca się wokół własnej osi.

Dlaczego gwiazdy różnią się między sobą kolorem?

Gwiazdy różnią się kolorami, w zależności od panującej na nich temperatury. System koloru gwiazd zbliżony jest do systemu palenia się ognia. Najchłodniejsze miejsce ognia, jest na górze, gdzie płomienie są czerwone. Goręcej jest w środku, gdzie pojawia się żółtawa poświata, natomiast najgoręcej jest w pobliżu samego centrum (paliwa) gdzie dominuje niebieski kolor.

Dlaczego pulsary właśnie tak się nazywają?

Są to gwiazdy neutronowe. Wysyłają elektromagnetyczne promieniowanie w postaci fal radiowych. Zasięg obserwacji wynosi od 1,5 ms do 8,5 s. Promieniowanie może być obserwowane tylko wtedy kiedy wiązka skierowana jest w stronę Ziemi. Efekt ten nosi nazwę latarni i nadaje sens nazwie tych gwiazd.

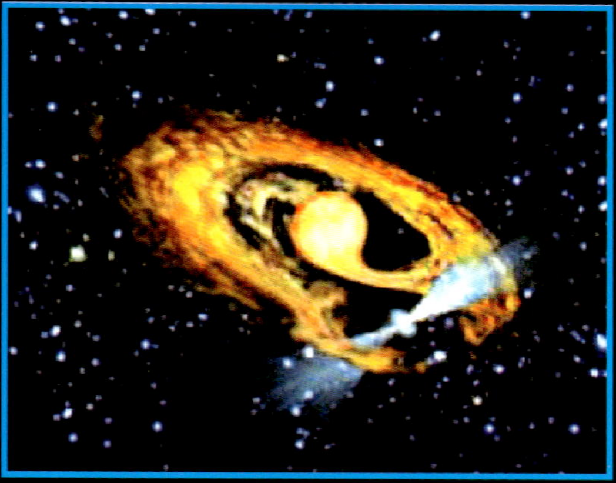

Dlaczego Uran kręci się na swoim boku?

Uran jest unikalną planetą w Układzie Słonecznym, gdyż jego obroty wokół własnej osi odbywają się na jednym z boków planety. Naukowcy uważają, iż może być to pochodną uderzenia komety w Uran przed milionami lat. W związku z tym nachyleniem na Uranie panują dość niezwykłe pory roku. Odległość od Słońca to 2 870 972 220 km i jest to niemal dwa razy więcej niż odległość Saturna od Słońca.

Dlaczego w kosmosie nie słyszymy dźwięków?

W kosmosie panuje niemal absolutna cisza, ponieważ nie ma tam odpowiedniego nośnika dźwięku. Prawie cała materia skupiona jest jedynie na niewielkich obszarach przestrzeni. Skoro nie ma materii, nie ma też dźwięków, ponieważ dźwięk nie rozchodzi się w próżni.

Dlaczego duże gwiazdy żyją krócej od tych mniejszych?

Im większa gwiazda, tym większe przyciąganie grawitacyjne, tym wyższa temperatura, a co za tym idzie większe zużycie paliwa w postaci wodoru. Skutkiem tego jest krótszy czas życia dużej gwiazdy. We wszechświecie istnieje więc niewiele tych największych gwiazd.

Dlaczego Mars nazywany jest czerwoną planetą?

Patrząc na niego nocą, wydaje nam się, iż jest to całkowicie czerwona planeta. Powierzchnię Marsa stanowią przede wszystkim kamienie i piasek, mające czerwony, rdzawy kolor. Nawet niebo jest czerwone ze względu na czerwony pył przenoszony przez wiatr. Czerwony kolor jest wizytówką planety od najstarszych czasów. Mars to czwarta planeta od Słońca.

Dlaczego gwiazdy widoczne są nocą, a nie za dnia?

Gwiazdy to malutkie słońca, które świecą cały czas. Podczas dnia, kiedy Słońce jest wysoko, powoduje efekt niebieskiego nieba. Gwiazdy wówczas nie są na tyle jasne, aby być widoczne na jego tle. Kiedy Słońce zachodzi, niebo szarzeje, a gwiazdy są coraz lepiej widoczne.

Dlaczego podejrzewa się, iż na Europie istnieje życie?

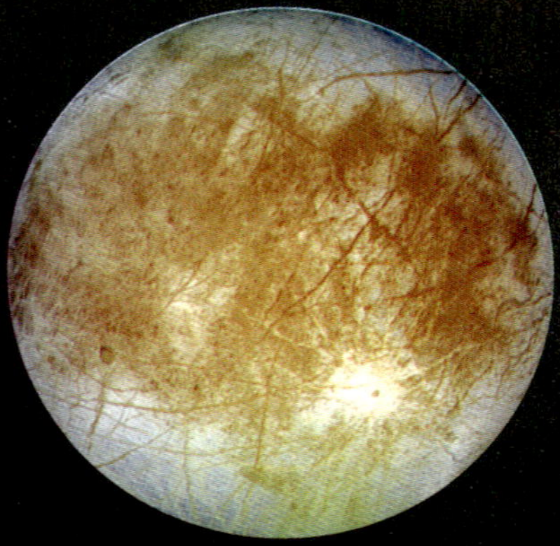

Zdjęcia przesłane przez sondę kosmiczną, pokazały istnienie zamarzniętej skorupy pod powierzchnią Europy, dlatego naukowcy zajęli się badaniem tego ciała niebieskiego. Tamtejsze życie mogłoby być zbliżone do mikrożycia obecnego na dnach ziemskich oceanów. Europa to jeden z księżyców Jowisza.

Dlaczego za 600 milionów lat nie będzie występować zjawisko całkowitego zaćmienia Słońca?

Zaćmienie Słońca następuje wtedy, gdy Księżyc znajduje się pomiędzy Ziemią i Słońcem. Księżyc stopniowo, w tempie około 4 cm rocznie, oddala się od Ziemi i za około 600 mln lat średnica kątowa tarczy Księżyca stanie się na tyle mała, że całkowite zaćmienia Słońca przestaną występować.

Dlaczego Katalog Messiera nosi taką nazwę?

Nazwa katalogu wzięła się od nazwiska francuskiego astronoma Charlesa Messiera. Obiekty należące do tego katalogu są uważane za komety, ale tak naprawdę nimi nie są. Messier poszukiwał nowych komet, odkrył te obiekty i skatalogował je. Aktualnie noszą one nazwy od M1 do M45.

Dlaczego meteory nazywane są spadającymi gwiazdami?

Zjawisko meteorów wywołują, poruszające się po orbitach wokół Słońca, drobne okruchy skalne (meteroidy), które wpadają w atmosferę Ziemi. Część z nich spala się w górnych wartswach atmosfery tworząc świecące ślady, które często nazywane są spadającymi gwiazdami.

Dlaczego na Ziemi jest tak mało kraterów?

Na Ziemi odkryto około 160 dużych kraterów uderzeniowych spowodowanych upadkiem meteorytu. Nie jest to imponująca liczba w porównaniu z Księżycem, Merkurym czy Marsem. Spowodowane jest to przede wszystkim występowaniem na naszej planecie procesów tektonicznych, które nieustannie odnawiają jej powierzchnię i usuwają tym samym ślady kraterów.

Dlaczego komety często noszą takie skomplikowane nazwy?

Główną część nazwy komety stanowi rok jej odkrycia, następnie litera oznaczająca pierwszą lub drugą połowę miesiąca odkrycia (A to 1 – 15 stycznia, B to 16 – 31 stycznia, aż do Y oznaczającego 16 – 31 grudnia, z pominięciem I). Następnie podana jest liczba oznaczająca kolejność odkrycia komety w danym okresie. Na przykład 2006 M4 jest czwartą kometą odkrytą w drugiej połowie czerwca 2006 roku. Kolejne oznaczenia pojawiają się po ustaleniu charakteru orbity komety.

Dlaczego życie na Ziemi nie byłoby możliwe bez Księżyca?

Księżyc powstał w wyniku kolizji Ziemi z ciałem niebieskim wielkości Marsa. Przed uderzeniem Ziemia była zwykłym wodnym światem. Jeśli nie powstałby Księżyc, nie powstałoby życie na Ziemi. Ponadto Księżyc stabilizuje rotacje Ziemi. Bez tej stabilizacji nasz klimat miałby bardziej rozchwiany charakter, a życie znane nam dzisiaj nie byłoby możliwe.

Dlaczego czarne dziury noszą taką nazwę?

Czarna dziura to miejsce w kosmosie, gdzie przyciąganie grawitacyjne jest tak silne, iż nawet światło nie może się z niego wydostać. Nazwa wzięła się właśnie od tego, iż nic nie jest w stanie uciec takiemu obiektowi, wchłania on wszystko, co tylko jest możliwe. Wnętrze czarnej dziury jest absolutnie czarne i nieprzeniknione. Wygląda jak cząstka kosmosu.

Planeta Ziemia

Dlaczego zamieć śnieżna bez opadów śniegu nosi nazwę „gruntowej"?

Aby taka zamieć mogła mieć miejsce, potrzebny jest płaski teren, na którym już znajduje się sypki, łatwo przenoszący się śnieg. Kiedy zamieci śnieżnej nie towarzyszy opad śniegu, meteorolodzy nazywają takie zjawisko gruntową zamiecią śnieżną. Śnieg znajduje się już wówczas na powierzchni i jest tylko rozdmuchiwany przez wiatr.

Dlaczego skały wydobyte z wnętrza Ziemi mają większą gęstość?

Im głębiej zanurzamy się we wnętrze Ziemi, tym większa gęstość i wyższa temperatura skał. W centrum Ziemi panuje temperatura na poziomie 4000 – 5000 °C. Skały we wnętrzu Ziemi zbudowane są z cięższej materii. Dodatkowo są bardziej skupione ze względu na nacisk skał znajdujących się powyżej. Skały z samego wnętrza Ziemi służą geologom do badań i pozwalają dowiedzieć się więcej o naszej planecie.

Dlaczego pojawiają się burze?

Burze są wynikiem otoczenia mas powietrza o niskim ciśnieniu przez masy powietrza o wysokim ciśnieniu. Ta kombinacja powoduje wzmożenie wiatrów i wytworzenie się chmur burzowych – cumulonimbus. To nic innego jak zakłócenia w ziemskiej atmosferze. Oddziałują przede wszystkim na powierzchnię Ziemi i pogodę jako całość.

Dlaczego tornada to najbardziej niszczycielskie burze?

Tornado to wielka kolumna powietrza łącząca powierzchnię ziemi z chmurami cumulonimbus, lub rzadziej cumulus. Tornada to najbardziej niebezpieczny rodzaj burz. Wiatr w pobliżu kolumny osiąga prędkość od 100 km/godz. do nawet 500 km/godz.

Dlaczego chmury przybierają białą barwę?

Krople wody lub kryształki lodu, z których zbudowane są chmury, są wystarczająco duże, aby rozszczepić promienie światła. Wynikiem tego jest wytworzenie białego koloru. Chmury wydają się ciemne lub szare, kiedy znajdują się w cieniu innych chmur.

Dlaczego niektóre z chmur mają czerwone, pomarańczowe lub różowe barwy?

Chmury tego koloru najczęściej towarzyszą wschodom i zachodom słońca. Są one rezultatem rozszczepiania promieni słonecznych w atmosferze. W rzeczywistości chmury nie mają takiego koloru. Po prostu odbijają i rozszczepiają promienie słoneczne, które w tych godzinach mają akurat taki kolor.

Dlaczego w tym samym czasie na przeciwległych półkulach Ziemi występuje dzień i noc?

Nasza planeta nie tylko porusza się wokół Słońca, ale też wiruje wokół własnej osi. Ruch wirowy Ziemi powoduje, że gdy na powierzchnię jednej z półkul padają promienie słoneczne, wtedy jest tam dzień, druga pozostaje nieoświetlona i panuje tam noc.

Dlaczego naszą planetę dotyka problem globalnego ocieplenia?

Globalne ocieplenie to rezultat wzrostu temperatury na Ziemi o kilka stopni i podniesieniu się poziomu wód. Podstawowym czynnikiem jest tutaj wzrost koncentracji gazów cieplarnianych, zmniejszanie się terenów zielonych oraz erupcje wulkanów. Dzisiejszy świat jest zjednoczony w działaniach na rzecz zatrzymania tego efektu, który powoduje topienie lodów na całej planecie.

Dlaczego meteoryty stapiają się w mezosferze?

Meteoryt przedostający się przez atmosferę poddawany jest tarciu i działaniu tlenu w wyniku czego powstaje temperatura zdolna do stopienia go, mimo że mezosfera to najzimniejsza część atmosfery (–90°C). Jest to strefa lodowych chmur, które widoczne są tylko podczas zachodów Słońca, kiedy są podświetlane od dołu. Zazwyczaj meteoryty wchodzące w atmosferę ziemską spalają się właśnie w mezosferze.

Dlaczego sztuczne satelity są istotne w prognozowaniu pogody?

Satelity służą danymi, które umożliwiają przewidzieć pogodę. Zdjęcia i informacje, które są dostarczane pozwalają nam lepiej zrozumieć funkcjonowanie pogody. Praca takich satelitów pozwala także przewidzieć efekty, takie jak huragany, czy tajfuny. Wszystkie te informacje są niezwykle ważne dla mieszkańców Ziemi.

Dlaczego bez atmosfery nie istniałoby życie?

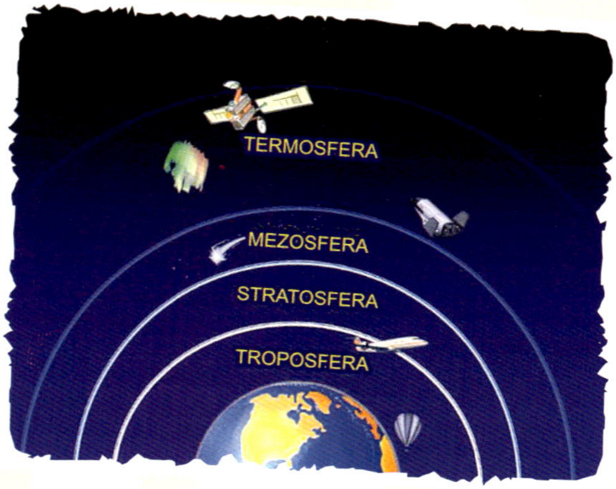

Atmosfera daje nam powietrze, wodę, ciepło oraz chroni nas przed szkodliwym promieniowaniem i spadającymi meteorytami. Bez niej życie na Ziemi byłoby niemożliwe.

Dlaczego mgła nie jest zaliczana do opadów atmosferycznych?

Jest to związane z tym, iż nie opada na powierzchnię. Mgła powoduje ograniczenie widoczności poprzez zawieszenie w powietrzu małych drobinek wody. Mgły często tworzą się nad powierzchnią mórz i jezior. Ponadto widoczność może być ograniczona przez pył i dym, które noszą nazwę mgiełek i także nie są traktowane jako opad atmosferyczny.

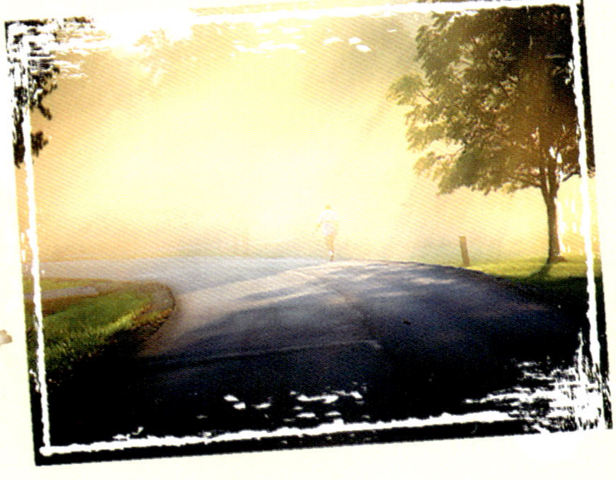

Dlaczego lasy Amazonii nazywane są płucami Ziemi?

Deszczowe lasy Amazonii często nazywamy płucami Ziemi ze względu na olbrzymie możliwości wymiany dwutlenku węgla na tlen. Ponad 20% światowego tlenu produkowanego jest właśnie przez te lasy. Ponadto są one domem dla licznych gatunków roślin i zwierząt.

Dlaczego Antarktyda nazywana jest lodową pustynią?

Kontynent ten to jedna wielka lodowa pustynia. Jest to najbardziej na południe położony ląd pokrywający biegun południowy. Ponad 98% obszaru pokrywa lód. Antarktyda to najzimniejszy, najbardziej suchy, najbardziej wietrzny i najwyżej położony kontynent na Ziemi. Poza obszarami przybrzeżnymi nie występują tam praktycznie żadne opady.

Dlaczego zrealizowano Plan Delta?

Plan Delta to system tam przeciwpowodziowych zbudowanych po olbrzymiej powodzi, która w 1953 r. nawiedziła południowo-zachodnie tereny Holandii. Przed 1953 r. Holandia już posiadała jedną z największych tam na świecie, ulokowaną na północy kraju.

Dlaczego łąki Montane zwane są zbiornikami wody deszczowej?

Są to naturalne zbiorniki wodne Afryki Południowej. Nie pozwalają na rozprzestrzenienie się efektu erozji gleby. Przetrzymują wodę i uwalniają ją powoli przez cały rok. Funkcjonują trochę na zasadzie gąbki wchłaniającej wodę i stopniowo ją uwalniającej.

Dlaczego powierzchnia Ziemi tak często się zmienia?

Wszystko to co widzimy dziś, to efekt miliardów lat zmian, spowodowanych przez opady atmosferyczne, wiatry, grawitację, trzęsienia ziemi, wybuchy wulkanów, zmiany temperatury, oraz organizmy żywe. Jest to również wynikiem wdzierania się wody w ląd i przemieszczaniem materiału z jednego miejsca na drugie. Kontynenty powoli zbliżają się do siebie, by nagle znów się oddalić.

Dlaczego dochodzi do erupcji wulkanów?

Głęboko pod skorupą ziemską, gromadzi się magma, która magazynuje ogromne ilości energii cieplnej. Ciągłe odgazowywanie się magmy wytwarza ciśnienie wpychające ją w kierunku wielkich szczelin w skałach skorupy ziemskiej, skąd magma jako materiał lżejszy od otaczających ją skał jest wypychana w górę. W rezultacie magma topi skały stojące jej na drodze i drąży kanał, którym wydostaje się spod skorupy ziemskiej na zewnątrz.

Dlaczego Czarny Las nosi taką nazwę?

Czarny Las to nazwa zalesionych terenów górskich Badenii-Wirtembergii w południowo-zachodnich Niemczech. W dawnych czasach, las był zupełnie nie do przebycia i obfitował w złoża srebra i rudy. Z czasem były to główne źródła bogactwa osadników na tamtych terenach.

Dlaczego skały Gibraltaru są takie sławne?

Olbrzymie skały Gibraltaru są wspaniałą atrakcją turystyczną, dającą niesamowity widok na tereny Hiszpanii. Skały te to przede wszystkim wapienie. Czasem noszą nazwę Kolumny (filaru) Herkulesa. Wyższe partie skał stanowią oczywiście rezerwat przyrody.

Dlaczego tereny wokół równika są takie gorące?

Równik to wyimaginowana linia dzieląca Ziemię na północną i południową półkulę. Ilość energii słonecznej dostarczanej do określonego punktu na Ziemi zależy od wysokości Słońca na niebie. Im bliżej równika, tym promienie słoneczne padają bardziej prostopadle na Ziemię, zapewniając więcej ciepła.

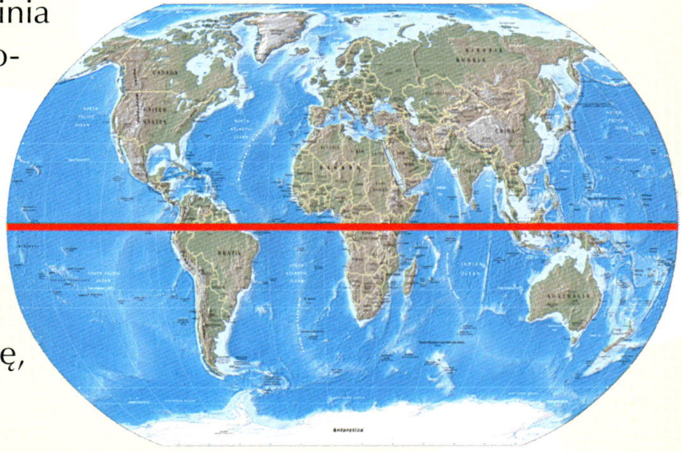

Dlaczego woda jest tak ważna dla organizmu człowieka?

Woda to jeden z najważniejszych elementów niezbędnych do życia. W czasie trawienia rozpuszcza w sobie poszczególne składniki pokarmowe, które są następnie wchłaniane przez jelita i dostarczane do komórek. Jest nośnikiem i regulatorem ciepła w organizmie, bierze udział we wszystkich procesach biochemicznych, zwilża błony śluzowe, gałkę oczną i zapewnia ruchliwość stawów. U dorosłego człowieka woda stanowi około 70% jego wagi.

Dlaczego Antarktyda nosi taką nazwę?

Antarktyda wzięła swoją nazwę od greckiego *Antarktike* – przeciwieństwo Arktyki. Ma 13,3 miliona km^2 i leży na południowym biegunie Ziemi. W otaczających ją wodach żyje więcej organizmów, niż w lasach tropikalnych, a wybrzeże jest domem dla wspaniałych zwierząt.

Dlaczego lawa zasadowa spływa szybciej po zboczach wulkanu niż lawa kwaśna?

Prędkość przemieszczania się lawy wulkanicznej zależy między innymi od jej lepkości. Lawa kwaśna, zawierająca duże ilości dwutlenku krzemu, jest lepka i gęsta. Zaś lawa zasadowa, która zawiera mniej dwutlenku krzemu i gazów, jest cieplejsza, mniej lepka i bardziej ruchliwa, dlatego też spływa dużo szybciej niż lawa kwaśna.

Dlaczego lahar jest tak niebezpieczny?

Najbardziej niebezpieczna jest siła i szybkość laharów. Mogą one osiągać ogromne prędkości i pędzić tak przez wiele kilometrów, siejąc po drodze zniszczenie. Są to materiały piroklastyczne, popioły wulkaniczne zmieszane z wodą deszczową, stopionym śniegiem lub lodowcem. Termin lahar został po raz pierwszy użyty na terenach Indonezji.

Dlaczego w górach jest zimniej, niż w innych rejonach?

W górach jest zimniej, ponieważ promienie słoneczne ogrzewają powietrze od dołu – wędrują z atmosfery do powierzchni Ziemi, gdzie są wchłaniane. Powietrze znajdujące się najbliżej powierzchni jest najcieplejsze. Natomiast to znajdujące się wysoko w górach najzimniejsze.

Dlaczego mamy lata przestępne?

Jeden pełny obieg Słońca zajmuje Ziemi 365 i 1/4 dnia. Obliczanie corocznie 1/4 dnia byłoby dość problematyczne. Stąd co cztery lata zlicza się te ćwiartki i tworzą one dodatkowy dzień.

Dlaczego lasy są dla nas takie ważne?

Zapobiegają erozji i co najważniejsze, zapewniają nam tlen do oddychania. Lasy to przede wszystkim przemysł, ale także turystyka, pszczelarstwo czy zbieractwo. Lasy są piękne. Dają niesamowite doznania estetyczne. Tworzą tereny zarówno do spacerów, jak i rekreacji.

Dlaczego w suche dni chmury są tak wysoko na niebie?

W suche dni, chmury tworzą się wyżej, gdyż tam jest najchłodniej. Ciepłe powietrze jest w stanie utrzymać więcej pary wodnej, niż jego zimny odpowiednik. Kiedy powietrze ochładza się, dochodzi do parowania wody i tworzenia się chmur. To, jak zimne jest powietrze, zależy tylko i wyłącznie od tego, jak dużo wody jest w powietrzu. Im mniej pary wodnej w powietrzu, tym bardziej musi się ochłodzić powietrze aby sformować chmury.

Dlaczego powstają wiatry?

Atmosfera składa się z warstw o niskim i wysokim ciśnieniu. Im większe różnice w ciśnieniu, tym silniejsze powstają wiatry. Tak jak woda porusza się z terenów położonych wysoko na tereny położone nisko, tak samo powietrze wędruje od rejonów z wysokim ciśnieniem, do rejonów z niskim ciśnieniem.

Dlaczego ruch obiegowy Ziemi ma tak ogromny wpływ na życie naszej planety?

Konsekwencją ruchu obiegowego Ziemi są zmiany oświetlenia poszczególnych części planety, a w związku z tym i zmiany kąta padania promieni słonecznych w ciągu roku. To z kolei powoduje występowanie pór roku, zmiany długości trwania dnia i nocy, strefowość geograficzną niektórych elementów klimatu, szaty roślinnej, gleb oraz roczny rytm aktywności wielu organizmów żywych.

Dlaczego nachylenie Ziemi pełni tak istotną rolę?

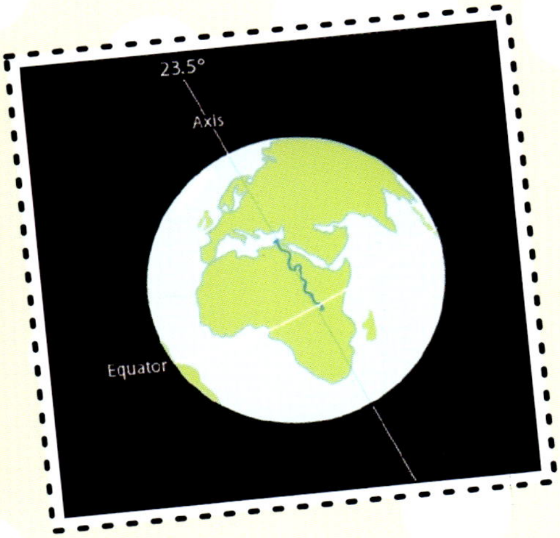

Ziemia odchylona jest od pionu o 23,5° co pozwoliło na ponad dwukrotne zwiększenie obszarów poddanych zaludnieniu i uprawie, niż miałoby to miejsce wówczas, gdyby Słońce znajdowało się zawsze tylko nad równikiem. W tym przypadku nie byłoby żadnych zmian w porach roku. A zatem nachylenie to gwarantuje przyjście lata, jesieni, zimy oraz wiosny.

Dlaczego lasy deszczowe są takie ważne?

Lasy deszczowe stabilizują klimat na Ziemi i chronią ją przed powodziami, suszami oraz erozją. Dają ludziom wiele korzyści. Tamtejsze rośliny gwarantują drewno, pożywienie, środki medyczne oraz produkty przemysłowe, takie jak: guma, farba oraz włókno. Lasy te są domem dla różnorakich plemion oraz atrakcją turystyczną dla cudzoziemców.

Dlaczego na pustyniach tak rzadko pada deszcz?

Jest ku temu kilka powodów. Po pierwsze, opady są wynikiem istnienia chmur powstałych z parującej z oceanów wody. Zanim powietrze dotrze nad te regiony, traci większość ze swojej wilgotności. Po drugie, pustynie często znajdują się w cieniach gór, które blokują chmury deszczowe i nie pozwalają im na przedostanie się w rejony pustynne.

Dlaczego na Ziemi możliwe jest życie?

Życie jest możliwe ze względu na istnienie wody. Ziemska atmosfera to mieszanka różnorodnych gazów. Mieszanka ta pozwala przetrwać życiu na Ziemi. Warstwa ozonowa chroni ludzi przed groźnym promieniowaniem słonecznym. Kilka czynników, takich jak: temperatura czy budowa wnętrza Ziemi pozwala na życie na tej planecie.

Dlaczego głód jest tak wielkim problemem?

Głód to nic innego jak wynik braku możliwości zdobycia pożywienia. Wraz z głodem zwiększa się zasięg różnorodnych epidemii oraz zwyżkuje śmiertelność. Brak możliwości uprawy produktów rolnych, pogodowe anomalie uniemożliwiające uprawianie ziemi, to tylko niektóre z czynników wpływających na zwiększanie się tego problemu.

Dlaczego w krajach tropikalnych nie występują gradobicia?

Gradobicia są faktycznie rzadkością na terenach tropikalnych, mimo dużo większej częstotliwości występowania burz. Atmosfera nad tymi regionami jest dużo cieplejsza, niż w innych rejonach Ziemi. Na zwiększenie gradobić wpływają masy suchego powietrza dostarczane burzom. Proces ochładzania się chmur burzowych zacznie podnosi szansę wystąpienia gradobicia.

Dlaczego trzęsieniom ziemi często towarzyszą pożary?

Może być to wynikiem zniszczeń linii elektrycznych lub gazociągów. Kiedy temu wszystkiemu towarzyszą pęknięcia rur dostarczających wodę, pożar taki jest prawie niemożliwy do ugaszenia, a to doprowadza do kolejnych zniszczeń.

Dlaczego dochodzi do stopienia się gleby?

Do stopienia się gleby może dojść podczas trzęsień. Wówczas nasycony wodą materiał traci swoją siłę, a gleba zmienia swój stan ze stałego w ciekły. Zdarzenia takie mogą doprowadzić do obsunięć lub przechyleń budynków, a nawet do zapadnięcia się ich w ciekłą materię.

Dlaczego doszło do zniszczenia miasta Plurs?

W 1618 r. śnieżna lawina zasypała miasto Plurs w Szwajcarii. Lawina ta zabrała życie 2437 osobom.

Dlaczego wybuchy wulkanów występują tylko w kilku miejscach na Ziemi?

Jest to spowodowane ułożeniem płyt tektonicznych pod powierzchnią Ziemi. Temperatura w tych rejonach tworzy specjalne kominy skalne, z których wydobywa się lawa. Na Ziemi istnieje kilka takich gorących punktów, które uaktywniają się raz na jakiś czas.

Dlaczego pustynie są bardziej narażone na fale ciepła?

Fala ciepła to przepowiadany długi okres gorącej pogody, która bywa powiązana z wysoką wilgotnością. Olbrzymie tereny pustynne są bardziej narażone na działanie fal ciepła ze względu na brak jakichkolwiek chmur i niską wilgotność, które to czynniki tworzą z pustyni niemal piec. Temperatura może dochodzić nawet do 110 stopni. Nie ma pełnej definicji fali ciepła, jest ona w znacznej mierze zależna od obszaru na jakim występuje.

Dlaczego lasy namorzynowe objęte są ochroną?

Ze względu na unikalność ekosystemu tych lasów oraz ich rolę w wlace z erozją, są objęte ochroną. Są to lasy rosnące u wybrzeży terenów o klimacie tropikalnym lub subtropikalnym.

Dlaczego tak trudno wskazać linię podziału pomiędzy Azją i Europą?

Granica biegnie szczytami gór Kaukazu. Jako że struktura skorupy ziemskiej jest tutaj bardzo stabilna, niemal niemożliwym jest ustalenie stałej linii podziału pomiędzy kontynentami. W historii linia podziału zmieniała się i była sytuowana w rozmaitych miejscach.

Dlaczego grunty Tajgi nie nadają się pod uprawę?

Ponieważ tamtejsza gleba jest bardzo młoda i zupełnie niepożywna. Nie posiada organicznego profilu niezbędnego do rozpoczęcia uprawy. Cienka warstwa gleby jest wynikiem zimna panującego w tamtych rejonach. Ponadto gleba nasączona jest kwasem z igieł pochodzących z wiecznie zielonych drzew. Ostatnim problemem jest pokrycie porostami. Te wszystkie czynniki uniemożliwiają uprawę ziemi w tych rejonach.

Dlaczego lata w Górach Skalistych są zarazem gorące i suche?

Zachodnie fronty zatrzymują chmury deszczowe zmierzające w te rejony. Średnia temperatura latem wynosi 15°C, a średni opad atmosferyczny wynosi 150 mm.

Dlaczego w wielu rejonach rekordy opadów przypadają na zimę?

Zima to czas krótkich dni i niskich temperatur. W niektórych rejonach wraz z tym przychodzą rekordy opadów atmosferycznych. Ciągłe opady zalegającego śniegu przykrywającego niemal każdą część ziemi, gwarantują wysoki poziom wytwarzanej pary wodnej, a co za tym idzie wysoki poziom opadów.

Dlaczego powodzie towarzyszą regionom górskim głównie wiosną?

Jest to spowodowane topnieniem śniegu, dodatkowo przyspieszonym opadami ciepłego deszczu. Wiośnie potrafi też towarzyszyć surowa pogoda: gdy z jednej strony nadciągają masy ciepłego powietrza, a z drugiej zimne, polarne.

Dlaczego Andy są tak odległe od centrum Ziemi?

Jest to miejsce najbardziej odległe od centrum Ziemi, ze względu na istnienie wybrzuszenia równikowego. Andy tworzą najdłuższy na Ziemi łańcuch górski, ciągnący się wzdłuż zachodniego brzegu Ameryki Południowej.

Dlaczego długość pór roku nie jest stała?

Długość pór roku nie jest stała ze względu na eliptyczny kształt ziemskiej orbity oraz różnice w prędkości, z jaką nasza planeta porusza się po orbicie.

Świat starożytny

Dlaczego stare cywilizacje tak często ze sobą walczyły?

Cywilizacje rywalizowały między sobą, co często objawiało się wybuchami wojen. Ich rozwój odbywał się w kilku różnych wymiarach. Niektóre cywilizacje rosły szybciej i prosperowały znacznie lepiej od innych. W konsekwencji powiększała się różnica w sile pomiędzy cywilizacjami, co prowadziło do wojen.

Dlaczego staramy się dowiedzieć jak najwięcej o starożytnym świecie?

Prowadzimy badania nad cywilizacjami, aby dowiedzieć się jak najwięcej o umiejętnościach i wiedzy tamtych ludzi, a także o ich sposobach na przeżycie w otaczającym ich świecie. Ludzie, system ich funkcjonowania, aspekty życia, takie jak: sztuka, zwyczaje, technologa, system administracyjny, religia to wszystko składa się na cywilizację.

Dlaczego starożytni Grecy co cztery lata zaprzestawali wojen?

Powodem tego były igrzyska olimpijskie. Były to zawody sportowe, w których uczestniczyły greckie państwa – miasta. Pierwsze igrzyska olimpijskie odbyły się w 776 r.p.n.e. w Olimpii (Grecja).

Dlaczego sztuka starożytnych Egipcjan była tak precyzyjna?

Starożytni Egipcjanie byli niesamowicie precyzyjni, jeśli chodzi o sztukę. Ich dzieła podlegały określonym regułom i symbolice. Sztuka ta służyła zarówno do celów politycznych, jak i religijnych, a precyzja wykonania dawała jasność co do ich wyrazu.

Dlaczego u starożytnych Egipcjan ułamki były zawsze rozpisywane jako sumy?

W piśmiennictwie starożytnych Egipcjan ułamki zawsze występowały grupami. Był to wynik tego, iż Egipcjanie nie umieli poradzić sobie z cyframi większymi od 1. Na przykład ułamek 2/5 był rozpisywany jako suma 1/3 + 1/15. Niektóre popularne w użyciu ułamki były często zapisywane za pomocą specjalnych znaków.

Dlaczego Machu Picchu odgrywało taką ważną militarną rolę?

Ze względu na swoje położenie było nie do zdobycia. Ze skał klifu, na którym znajduje się Machu Picchu można dostrzec 600 metrową przepaść, kończącą się u stóp rzeki Urubamba. Przez wiele lat Machu Picchu było sekretem ze względu na swoją niedostępność. Most Inków rozwieszony nad rzeką Urubamba w Pongo de Mainique był tajnym przejściem dla armii Inków.

Dlaczego armia Inków była swego czasu uważana za niepokonaną?

Inkowie bardzo często podejmowali walkę z innymi cywilizacjami. Armia Inków była swego czasu najlepsza, a wynikało to po prostu z doświadczenia wojowników. Każdy zwykły rolnik był w stanie przeistoczyć się w żołnierza gotowego do walki. Każdy mężczyzna przynajmniej raz w życiu musiał udać się na wojnę, aby w razie zagrożenia być przygotowanym do obrony swojej ojczyzny.

Dlaczego o królu Gilgameszu krąży tyle legend?

Uważano, że sumeryjski król Gilgamesz był w 2/3 bogiem, a w 1/3 człowiekiem. Powstało o nim wiele wierszy i opowiadań, które były przekazywane z pokolenia na pokolenie, a opowiadały o wspaniałych wyprawach i podróżach sumeryjskiego władcy. W swoim życiu Gilgamesz wygrał niezliczoną ilość bitew i wojen.

Dlaczego nikt nie jest w stanie rozszyfrować pisma używanego na Krecie?

Dotychczas nikt nie był w stanie rozszyfrować pisma używanego w starożytnych czasach na Krecie. W pałacu w Knossos znaleziono cienkie tablice, których wiek szacuje się na dwa tysiące lat. Było to pierwsze pismo, w którym litery układają się ze strony lewej na prawą. Jednak czasem kiedy dochodzono do końca linii, w kolejnej tekst biegł od strony prawej do lewej. Pismo to cały czas pozostaje nieodczytane, nie mniej jednak jest świadectwem na istnienie wysoko rozwiniętej cywilizacji.

Dlaczego tak trudno jest wyznaczyć granice miast Majów?

Ze względu na dziwny sposób osadnictwa, jest niezmiernie ciężko określić granice miast Majów. Zajmują duże obszary i wyglądają tak, jakby ich rozwój nie był nigdy w żaden sposób planowany. Świątynie wyglądają na przebudowywane tysiącleciami. Część z tych miast otoczona była ochronnymi fosami, inne były zbudowane za charakterystycznymi nasypami.

Dlaczego osada Sokhta Koh została opuszczona?

Istnieje wiele powodów, dla których osada ta mogła zostać opuszczona. Mogło być to wynikiem ruchów tektonicznych, zmianami w glebie w delcie Shadi Kaur, czy zmianami w ukształtowaniu plaży oraz ujścia rzeki wywołanymi przez działanie fal.

Dlaczego asyryjskie pałace są tak znane?

Pałace te były sławne ze swoich malowideł i pism zdobiących ściany, które były wykonane ze specjalnych jednolitych bloków. Malowidła te przedstawiały sceny kultu lub wspaniałe zdobycze militarne i cywilizacyjne. Bramy i przejścia były ozdobione wspaniałymi rzeźbami przedstawiającymi mitologiczne postacie. Takie ozdoby towarzyszyły także królewskim dziedzińcom, na które zazwyczaj otwierały się olbrzymie królewskie sale.

Dlaczego kalendarz Majów jest tak precyzyjny?

Ze wszystkich starożytnych kalendarzy, to właśnie kalendarz Majów jest najbardziej dokładny. Oparty był on na nieustannych obserwacjach Słońca i Wenus. Majowie mieli własny, rozwinięty system zapisu rachuby czasu, za pomocą którego rejestrowali wszystkie ważne i niezwykłe wydarzenia. Obliczenia Majów były najbliższe rzeczywistej astronomicznej długości roku.

Dlaczego ludzie zbierają się wokół obserwatorium Majów?

Ludzie zbierają się tam każdego roku, aby obserwować iluminację jaką tworzy Słońce na schodach piramidy poświęconej Quetzalcoatlowi (Pierzastemu Wężowi). Podczas jesiennej i wiosennej równonocy Słońce oświetla kolejne schody piramidy oraz głowę węża znajdującą się u ich podstawy. W ten sposób tworzy się obraz pełznącego ku ziemi węża.

Dlaczego Majowie odprawiali różnorodne rytuały?

Majowie wierzyli, że to bogowie kierują ruchem Słońca i Księżyca po niebie. Wierzyli, iż nawet kiedy Słońce i Księżyc stają się niewidoczne, kontynuują swoją podróż przez podziemny świat, gdzie czyhają na nich źli bogowie, starający się przeszkodzić im w podróży. Majowie wierzyli, iż pod ziemią potrzebna jest Słońcu i Księżycowi ludzka pomoc, stąd ofiary z ludzi, samookaleczenia i tortury.

Dlaczego religia Majów była politeistyczna?

Majowie mieli 166 bóstw, przy czym każdy z bogów miał kilka swoich aspektów. Niektórzy z bogów byli zarówno kobietami, jak i mężczyznami, inni byli zarówno starzy, jak i młodzi. Każdy bóg dodatkowo miał inną twarz przeznaczoną dla podziemnego świata i korzystał z niej wraz z nadejściem wieczoru.

Dlaczego praprzodka człowieka nazwano *Homo habilis*?

Najstarsze ludzkie skamieniałości odkryli w 1960 r. Louis i Mary Leakey'owie, a miało to miejsce w Tanzanii (wąwóz Olduvai). To oni nazwali te skamieniałości *Homo habilis* (człowiek zręczny), ponieważ wydawało się, iż stworzenia te umiały posługiwać się narzędziami. Podobne skamieniałości znalazł zespół prowadzony przez Richarda Leakey'a w 1969 r. w Jeziorze Turkana (Kenia). Kolejne skamieniałości nazwano *Homo rudolfensis* ze względu na miejsce wykopalisk archeologicznych (Jezioro Rudolfa).

Dlaczego dowody zebrane w Zhoukoudian są takie ważne?

Szczątki człowieka pekińskiego znalezione w Zhoukoudian są niezmiernie ważne ze względu na to, iż dotyczą zarówno mężczyzn, kobiet, jak i dzieci. Pokazują zróżnicowanie płci i wieku. Szczątki te znaleziono wraz ze szczątkami zwierząt, które prawdopodobnie były resztkami zostawionymi po posiłkach. Nie mniej jednak część tych kości wygląda jakby była przeżuwana przez olbrzymie drapieżniki.

Dlaczego naukowcy odrzucają teorię najazdu na miasto Teotihuacan?

Archeolodzy twierdzą, iż miasto to zostało po prostu spalone. Podważają teorię najazdu ze względu na charakter prowadzonych przez siebie prac. Prace te dotyczyły głównie badań nad świątyniami i pałacami, miejscami używanymi przez elity i tam ewidentnie widać oznaki palenia. Główne zniszczenia w mieście dotyczyły cywilnych budowli wzdłuż Alei Zmarłych.

Dlaczego plemiona Pueblo opuściły swoje rodzinne tereny?

Plemiona te opuściły swoje ojczyste tereny z kilku powodów. Jednym z nich mógł być najazd plemion zajmujących tereny w pobliżu rzeki Colorado. Innym powodem mogły być zmiany klimatyczne, które doprowadziły do nieurodzaju i problemów z uprawą ziemi.

Dlaczego proste narzędzia stworzone z łupin były tak ważne?

Powstawały one w procesie tworzenia innych nie mniej ważnych narzędzi. Służyły jako noże. Były doskonałe do zarzynania i oprawiania dużych zwierząt, do czego zupełnie nie nadawały się palce i zęby człowieka.

Dlaczego Mistekowie są uważani za grupy transnarodowe?

Są to rdzenni mieszkańcy Mezoameryki, zamieszkujący tereny stanów Oaxaca, Guerrero i Puebla (zwanych Mixteca Alta). Społeczności te uważane są za transnarodowe ze względu na zdolność utrzymania więzi zarówno pomiędzy rdzennymi mieszkańcami, jak i innymi społecznościami przybywającymi na te tereny.

Dlaczego Zapoteków uważa się za pierwszych, którzy rozwinęli piśmiennictwo na terenach Mezoameryki?

Zapotekowie stworzyli kalendarz oraz specjalny system pisania, gdzie określone symbole stanowią określone sylaby. System ten był jednym z pierwszy na terenach Mezoameryki. Był to system, którego w zmodyfikowanej formie używali później Majowie, Mistekowie i Aztekowie.

Dlaczego w centrum azteckiego kalendarza zawsze znajduje się pięć symboli?

Symbole umieszczone w centrum każdego azteckiego kalendarza oznaczają kolejne etapy w historii świata. Cztery z nich, według wierzeń Azteków, odnoszą się do minionych epok, które zakończyły się kataklizmami, zaś piąty symbol oznacza okres trwający obecnie.

Dlaczego Olmekowie uważani są za twórców pierwszej cywilizacji Mezoameryki?

Olmekowie byli pierwszym wysoko rozwiniętym społeczeństwem w Meksyku. Prowadzili osiadły tryb życia. Podstawą ich utrzymania było rolnictwo, rybołówstwo, myślistwo, zbieractwo oraz handel. Olmekowie dali początek pismu hieroglificznemu.

Dlaczego Aryjczyków uważano za twardych ludzi?

Przede wszystkim byli niezłomni i uwielbiali wojny. Ich religia opierała się na bogu burz i bogu nieba, którzy byli zwolennikami podbojów i walk. Kultura była skupiona także wokół działań wojennych. Aryjczycy byli wspaniałymi jeźdźcami i doskonale powozili rydwanami. Był to lud plemienny kierowany przez wodza wojskowego.

Dlaczego Aryjczycy byli tak nazywani?

Słowo Aryjczyk ma korzenie w języku indoeuropejskim, gdzie „ar” znaczy „szlachetny”. W sanskrycie „ar” było podstawą do nazwania podbitych przez Persów terenów – „Iran”. Słowa „szlachetność” oraz „szlachta” („ar”) odgrywały wielką rolę w kulturze europejskiej, chociażby przy nazwach krajów.

Dlaczego Europa była uważana za oazę spokoju?

Dzięki rozwojowi monastyrów Europa stała się oazą spokoju. Nawet barbarzyńskie plemiona szanowały świętość takich miejsc. Monastyry często były schronieniem przed niebezpieczeństwem, dawały pożywienie podczas głodu i stanowiły centra kulturalne i religijne. Często monastyry funkcjonowały jako szkoły dla najmłodszych.

Dlaczego archeolodzy uważają, iż czczenie bogów przez Indusów miało miejsce tylko w domach?

Ponieważ odkrycia powiązane z cywilizacją zamieszkującą dolinę rzeki Indus nie ukazały żadnych świątyń czy miejsc sakralnych. Ponadto nie odkryto żadnych rzeźb poświęconych bogom. Braki te są podstawą wierzeń, iż wszelkie praktyki religijne odbywały się tylko i wyłącznie w domach.

Dlaczego Atharwaweda nosi taką nazwę?

Nazwa wywodzi się od rodu kapłanów będących potomkami Atharwana oraz od mędrców i mitycznych kapłanów ognia. Zawiera przede wszystkim teksty magiczne (egzorcyzmy) związane z rytuałami domowymi.

Dlaczego Lerna nazywana jest domem z dachówek?

Nazwa pochodzi od pokrycia dachów, którym najczęściej były gliniane dachówki. W Lernie znaleziono także wiele koszy pokrytych specjalnymi znakami wykonanymi z bryłek gliny. To wszystko pokazuje, iż ówcześni mieszkańcy dbali o swoją własność i chronili ją przed kradzieżami.

Dlaczego Grecy zajęli się uprawą roli ?

Już 7000 lat p.n.e. tereny Grecji były jednymi z bardziej zaludnionych. Zbieractwo i myślistwo nie były w stanie zaspokoić wszystkich potrzeb żywieniowych, stąd Grecy zajęli się uprawą roli. Plony nawet z małego pola wystarczały do wykarmienia znacznie większej liczby mieszkańców.

Dlaczego podczas trwania starej epoki kamiennej ludzie nie uprawiali ziemi?

Powodem mógł być nadmiar dzikiego jedzenia, które było zdecydowanie łatwiej zdobyć. Pierwsze odkrycia pochodzą z Grecji i datuje się je na 55 000 lat p.n.e. Ówcześni mieszkańcy żyli ze zbieractwa i polowań. Nie uprawiali ziemi. Prawdopodobnie umieli sadzić ziarna, jednak nie decydowali się na to.

Dlaczego meroicki system pisania różni się od egipskiego?

Jedyną różnicą było to, iż w meroickim systemie pisano tylko od prawej do lewej, natomiast w egipskim od prawej do lewej, od lewej do prawej oraz pionowo. Meroe było stolicą Królestwa Kusz, które trwało od 800 r. p.n.e. do 350 r.n.e.

Dlaczego historycy uważają iż władza została ustabilizowana dopiero przez Fenicjan?

Historycy zgodnie twierdzą, iż władza została ustabilizowana przez Fenicjan, ponieważ zamieszkiwane przez nich Byblos zaczęło dominować nad trasami zarówno na Morzu Śródziemnym, jak i Morzu Czerwonym. Istniały wówczas trzy źródła władzy: król, kapłani i rada starszych.

Dlaczego Fenicjanie skupili się przede wszystkim na handlu i wymianie?

Fenicjanie nie byli rolnikami. Nie pozwalała na to zamieszkiwana przez nich ziemia. Dlatego też skupili się przede wszystkim na handlu. Jedyną hodowlą jaką się zajmowali była hodowla owiec, zarówno dla mięsa, mleka, jak i wełny.

Dlaczego Egipcjanie używali specjalnych podpórek pod głowę?

Podpórka taka służyła im jako poduszka i miała olbrzymie symboliczne znaczenie. Wykonane były z drewna, kości słoniowej albo kamienia. Często składano ją do trumny wraz z mumią.

Dlaczego mumifikacji poddawano także martwe zwierzęta?

Egipcjanie poddawali mumifikacji nie tylko ludzi, ale też psy, koty czy sokoły. Część z tych zwierząt była mumifikowana, aby towarzyszyć swoim właścicielom w życiu po śmierci. Starożytni wierzyli w życie po śmierci, stąd wraz z mumią do trumny trafiały rzeczy, których człowiek mógłby najbardziej potrzebować w swoim drugim życiu.

Dlaczego język syngaleski złożony jest z dwóch alfabetów?

Język ten używany jest na Sri Lance przez około 13 milionów osób. Ze względu na istnienie dwóch zestawów liter uważa się ten język za złożony z dwóch alfabetów, lub zawierający alfabet w alfabecie.

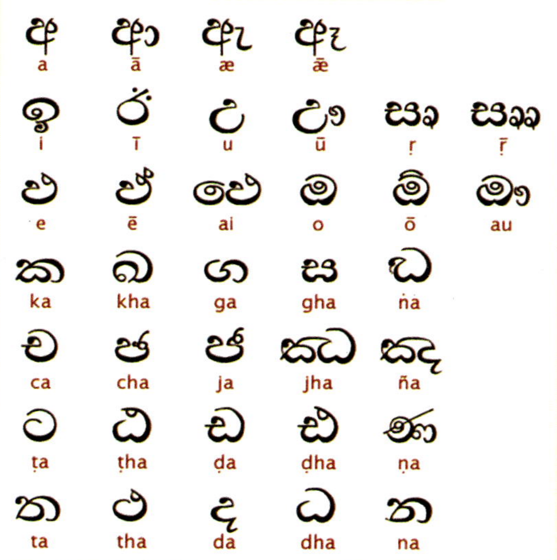

Dlaczego frontowe drzwi domów w Catal Huyuk umiejscowione były na dachu?

Umiejscowienie drzwi na dachu domów miało przede wszystkim służyć ochronie mieszkańców. Aby dostać się do swoich domów, mieszkańcy musieli korzystać z drabin. Catal Huyuk było wielką neolityczną osadą w południowej Anatoli. Datuje się jej istnienie na 7500 r. p.n.e.

Dlaczego Egipt zwany jest „darem Nilu"?

Egipcjanie nazywają swój kraj „darem Nilu". Praktycznie co roku Nil występuje ze swoich brzegów i przynosi świeżą wodę oraz żyzny muł na suche, rolnicze pola. Jest to proces niezbędny, bez którego uprawa nie byłaby możliwa. Bogactwo Egiptu w znacznej mierze pochodzi z istnienia cudownej rzeki Nil.

Dlaczego Shi Huang Di został pochowany wraz z wojownikami wykonanymi z terakoty?

Po śmierci Shi Huang Di został pochowany wraz z 6000 wojowników. Każdy z nich miał naturalne rozmiary i był wykonany z terakoty. Mieli oni strzec grobowca i chronić Shi Huang Di. Był on jednym z najpotężniejszych przywódców ówczesnego świata, stąd ludzie wierzyli, iż będzie potrzebował pomocy. Teraz wojownicy z terakoty są jedną ze wspanialszych atrakcji turystycznych.

Dlaczego hinduscy wojownicy walczyli w latach 320 – 185 p.n.e.?

Celem było zyskanie bogactwa i podbicie nowych terenów. Wojownicy ci poruszali się na słoniach i konnych rydwanach. Doskonale wytrenowane słonie prowadziły do bitwy armię, których celem było stworzenie olbrzymiego cesarstwa.

Dlaczego Aztekowie poświęcali swoich jeńców bogom?

Aztekowie obawiali się, iż pewnego dnia nadejdzie koniec świata. Aby temu przeciwdziałać, karmili bogów krwią swoich ofiar. Z każdej wojny Aztekowie wracali z jeńcami, którzy byli poświęcani bogom.

Dlaczego rzymscy żołnierze byli uważani za najlepszych na świecie?

Ponieważ rzymscy żołnierze byli, jak na tamte czasy, najlepiej wyszkoleni oraz posiadali najlepszą broń. Pomiędzy fortecami i miastami zbudowali wspaniałe drogi, po których łatwiej było im się poruszać, a co za tym idzie, łatwiej było bronić Cesarstwa Rzymskiego.

Dlaczego lata 500 – 1000 n.e. nazywane są w Europie ciemnymi wiekami?

W Europie lata 500 – 1000 n.e. często nazywane są ciemnymi wiekami dlatego, że doszło wówczas do najazdów wikingów, którzy zniszczyli wiele wiosek i miast. Południowe i wschodnie kresy Europy zostały zaatakowane przez najeźdźców z centralnej Azji i Bliskiego Wschodu. Mimo to, lata te obfitowały w wiele odkryć, podróży, rozwój szkolnictwa, handlu i sztuki.

Dlaczego Celtowie zawieszali przed swoimi domami ludzkie czaszki?

Czaszki pokonanych wrogów umieszczone przed drzwiami domów chroniły Celtów przed złymi duchami. Byli grupą ludów zamieszkujących tereny Wysp Brytyjskich i Galicji. Porozumiewali się przy pomocy języka celtyckiego.

Dlaczego sklepienia babilońskich wiszących ogrodów były pokryte żywicą?

Wiszące ogrody były dziełem i prezentem dla żony od króla Nabuchodonozora I. Największym niebezpieczeństwem dla tych ogrodów były opady deszczu, które w tych rejonach przybierały kształt corocznych ulew. Żywica zapewniała trwałość, zbudowanym z ołowiu i smoły, sklepieniom i chroniła je przed zgubnym działaniem wody.

Dlaczego Shi Huang Di wydał rozkaz wybudowania Wielkiego Muru Chińskiego?

Shi Huang Di założyciel dynastii Qin Wierzył, iż każdy powinien pozostawić po sobie znak w historii. Dlatego często wydawał rozkazy dotyczący budowania olbrzymich budynków. Z tych samych pobudek wydał rozkaz wybudowania Wielkiego Muru Chińskiego, który dodatkowo pełnił funkcje obronne. Był bardzo brutalnym i słynącym z przemocy władcą. Jego dynastia przetrwała wiele pokoleń.

Dlaczego w 1433 r. doszło do upadku dynastii Ming?

Kres dynastii położyły kosztowne walki z Mongołami, które doprowadziły do jej upadku w 1433 roku. Dynastia ta została założona przez Zhu Yuan Zhanga i przez okres swojego panowania rozwijała handel, sztukę, politykę oraz medycynę. Mimo iż panowanie dynastii trwało do 1644r., nigdy nie odzyskała ona już swojego blasku.

Świat żywych stworzeń

Dlaczego nosorożce są na liście zagrożonych gatunków?

Podstawowym zagrożeniem dla nosorożców są zniszczenia jakie dokonywane są w ich środowisku, a także działalność kłusownicza. Ich skóra i kości są bardzo poszukiwane. Zwierzęta znajdujące się na tej liście należą do grupy zwierząt, których aktualna liczba nie przekracza określonej dla danego gatunku wartości. Liczba narodzin jest mniejsza niż liczba śmierci.

Dlaczego siewka złota jest niezwykła?

Siewki złote, na skutek zmian pogodowych, migrują na odległości dochodzące nawet do 13 200 km. Ich sezonowa zmiana miejsca zamieszkania spowodowana jest głównie poszukiwaniem pożywienia. Siewki podróżują pomiędzy Ameryką Północną a Południową, gdzie spędzają głównie lato.

Dlaczego szkaradnica jest niebezpieczna?

Z powodu trujących kolców. Szkaradnica to drapieżna ryba morska, która, kamuflując się, przyjmuje postać kamienia. Grzbietowa płetwa szkaradnicy to 13 trujących kolców. Nawet lekkie ich dotknięcie może być zabójcze. Kontakt z trucizną powoduje wejście w stan delirium i najczęściej kończy się utonięciem. Paraliż mięśniowy, wymioty i omdlenia mogą w konsekwencji doprowadzić do śmierci.

Dlaczego wzrok węży jest taki niezwykły?

Węże doskonale potrafią wyczuć ruch. Niektóre z nich posiadają obuoczny wzrok, ułatwiający skupienie się dokładnie na jednym punkcie. Większość węży skupia wzrok poprzez poruszanie soczewką oka wprzód i w tył w odniesieniu do siatkówki. U innych kręgowców skupianie wzroku polega natomiast na poszerzaniu i zwężaniu się soczewek. Kształt źrenicy wężowego oka mówi nam o aktywności nocnej bądź dziennej danego gatunku węża. Generalnie najlepszy wzrok posiadają węże nadrzewne, natomiast najgorszy węże naziemne.

Dlaczego kukułka zaliczana jest pasożytów gniazdowych?

Niektóre gatunki kukułek składają jajka w gniazdach innych ptaków. W wielu przypadkach pozbywają się nawet jajek gospodarzy gniazda. Kiedy z jajka wykluwa się mała kukułka, przybrani rodzice dbają o jej wykarmienie, aby jak najszybciej urosła.

Dlaczego serce ptaków bije szybciej od ludzkiego?

Serca ptaków biją nieporównywalnie szybciej od serca człowieka, gdyż bez tego nie mogłoby transportować tlenu. Dodatkowo ptaki mają zdecydowanie wyższy metabolizm. Serce kolibra uderza 1000 razy na minutę, natomiast ilość uderzeń serca człowieka waha się pomiędzy 60 a 90 na minutę.

Dlaczego likaonom grozi wyginięcie?

Głównym zagrożeniem dla likaonów jest utrata siedlisk i wybijanie przez człowieka. Liczba urodzeń przedstawicieli tego gatunku nie przekracza liczby umierających osobników. W Tanzanii znajduje się raptem 5000 przedstawicieli tego gatunku, stąd władze zdecydowały się umieścić likaony na liście zagrożonych gatunków.

Dlaczego samce fok tak często walczą ze sobą?

Z powodu rywalizacji o samice. Foki to zwierzęta o charakterystycznej beczkowatej budowie i śliskiej skórze. Ich ciała są specjalnie przysposobione do życia w środowisku morskim, w którym spędzają większość czasu. Focze samce skupiają się wokół samic, z którymi chciałyby spędzić sezon rozpłodowy. Kiedy do tej samej samicy zbliża się więcej niż jeden samiec, dochodzi do ostrzegawczych powarkiwań, a następnie do walki.

Dlaczego foki i żółwie głodują, kiedy w ich pobliżu nie ma planktonu?

Ponieważ są zależne od roślin morskich, gdyż to one wspomagają proces odżywiania. Kiedy brak jest tych roślin, zwierzęta morskie głodują, mimo że żywią się również innymi morskimi stworzeniami takimi jak chociażby ryby.

Dlaczego gryzonie mają tak specyficzne ułożenie siekaczy?

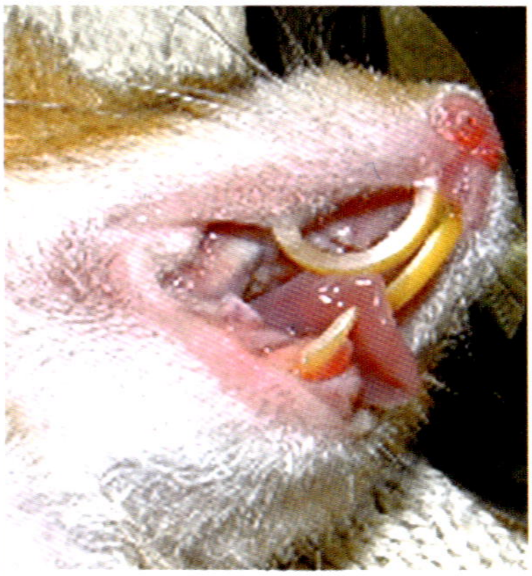

Gryzonie to gromada ssaków charakteryzująca się dwoma parami siekaczy. Siekacze te umiejscowione w górnej i dolnej części szczęki nieustannie rosną. Aby utrzymać stałą długość siekaczy gryzonie muszą jak najwięcej gryźć. Siekacze u gryzoni rosną przez całe życie i tylko regularne gryzienie pokarmu pozwala utrzymać odpowiednią ich długość.

Dlaczego tygrysy mają paski?

To kamuflaż. Tygrysie paski pozwalają na chowanie się w trawach i pomiędzy drzewami, przez co ułatwiają zaskoczenie ofiary. Tygrysy nie są w stanie biec z dużą prędkością przez długi czas, dlatego muszą pochwycić swoją ofiarę w jak najkrótszym czasie. Tygrysie paski pełnią zatem przede wszystkim rolę maskującą.

Dlaczego lwy różnią się od innych kotów?

Większość kotów poluje w grupach zwanych stadami. Tygrysy, gepardy oraz inne duże koty żyją samodzielnie, chyba że akurat opiekują się małymi. Stado lwów najczęściej obejmuje kilku samców, kilkanaście samic, oraz młode. Życie w stadzie pozwala jednym lwom opiekować się małymi, podczas gdy inne zajmują się polowaniem. Współpraca podczas polowania pozwala na złapanie zwierząt znacznie większych od lwów, choćby zebry.

Dlaczego kangury posiadają torbę?

Żeby ich małe mogły się bezpiecznie rozwijać. Po urodzeniu młode kangury są bardzo małe i zupełnie nieprzystosowane do życia. Nie przekraczają nawet 2 cm wzrostu. Samice kangurów posiadają specjalne torby, w których małe mogą się bezpiecznie rozwijać, aż do momentu kiedy same będą umiały sobie poradzić. Nowo narodzony kangur sam chowa się do torby, by tam spokojnie odżywiać się mlekiem matki. Młody kangur pozostaje w torbie do momentu osiągnięcia wagi około 9 kg. Zwierzęta posiadające torby takie jak kangury, noszą miano torbaczy.

Dlaczego małpy mają długie ogony?

Ponieważ pozwalają na zachowanie równowagi podczas skoków i poruszania się po leśnych gałęziach. Ogon małp zamieszkujących Amerykę Południową mają zdolności chwytne jest mocno umięśniony, dzięki czemu małpy mogą go okręcić wokół gałęzi i korzystać z niego niemal jak z piątej nogi.

Dlaczego latająca ryba została tak nazwana?

Ryby te, na krótkich odległościach, potrafią przemieszczać się nad powierzchnią wody. Mają dobrze umięśnione płetwy piersiowe, które umożliwiają im wyskakiwanie z wody i przemieszczanie się ponad jej powierzchnią. Latające ryby można spotkać we wszystkich oceanach, głównie w rejonach tropikalnych i subtropikalnych oceanu Atlantyckiego, Indyjskiego i Spokojnego.

Dlaczego niektóre z wielorybów migrują?

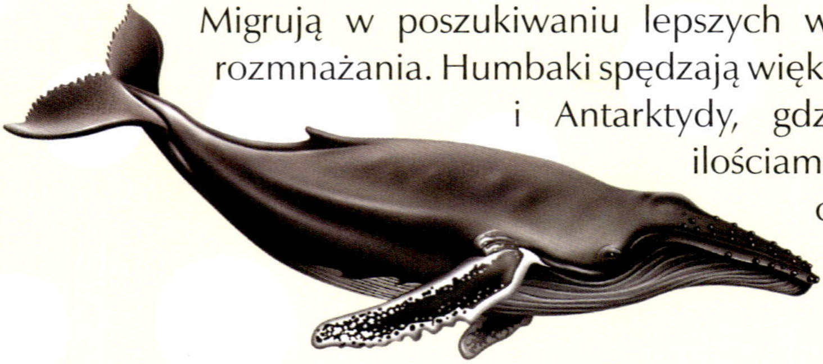

Migrują w poszukiwaniu lepszych warunków do odżywiania i rozmnażania. Humbaki spędzają większość roku w wodach Arktyki i Antarktydy, gdzie żywią się olbrzymimi ilościami szczątek. Kiedy nadchodzi czas rozmnażania, humbaki przenoszą się na cieplejsze wody w pobliżu równika.

Dlaczego żaby rechoczą?

Samce żab rechoczą, aby przyciągnąć uwagę samic. Żaby mają specjalny woreczek umiejscowiony pod brodą, który działa jak pudło rezonansowe. Niektóre żaby mają tak głośny rechot, iż jest on słyszalny nawet z kilku kilometrów. Każdy gatunek żab ma swój unikalny rechot.

Dlaczego węże zrzucają swoją skórę?

Węże zrzucają swoją skórę z dwóch powodów. Pierwszym jest proces rośnięcia, natomiast drugim jest zużycie i ewentualne zniszczenia skóry. Kiedy młody wąż zaczyna rosnąć, potrafi zrzucać skórę nawet do siedmiu razy każdego roku. Dorosłe węże pozbywają się swojej skóry raz do roku.

Dlaczego pieski preriowe noszą taką nazwę?

Nazwa wywodzi się od głosu jaki wydają te zwierzęta, kiedy są w niebezpieczeństwie. Wówczas starają się groźnie powarkiwać. Piesek preriowy może osiągnąć rozmiar nawet do 40 cm.

Dlaczego grzechotniki grzechocą?

Jest to ostrzeżenie dla innych, aby się nie zbliżać. Głos ten wydawany jest dzięki twardym pierścieniom zlokalizowanym na końcu ogona węża. Każdy z tych pierścieni był kiedyś częścią ogona. Nowy pierścień pojawia się za każdym razem, kiedy grzechotnik zrzuca swoją skórę.

Dlaczego cyjony migrują?

Cyjony to niestrudzeni łowcy. Potrafią śledzić swoją ofiarę kilometrami. Kiedy ofiara migruje, cyjon migruje wraz z nią. Na przykład na Syberii cyjony podążają krok w krok za karibu. Latem oba gatunki żyją wysoko w górach, by zimą migrować w rejony dolin i nizin.

Dlaczego rozdymkokształtne napompowują swoje ciało?

Żeby sprawiać wrażenie większych. Ryby te używają wody lub powietrza, aby napompować siebie do większych rozmiarów. Dzieje się tak za każdym razem kiedy czują się zagrożone lub zdenerwowane. Takie zwiększenie objętości własnego ciała możliwe jest ze względu na brak żeber i doskonale elastyczną skórę. Istnieje blisko 120 gatunków ryb, których rozmiary wahają się od kilku do nawet 50 cm.

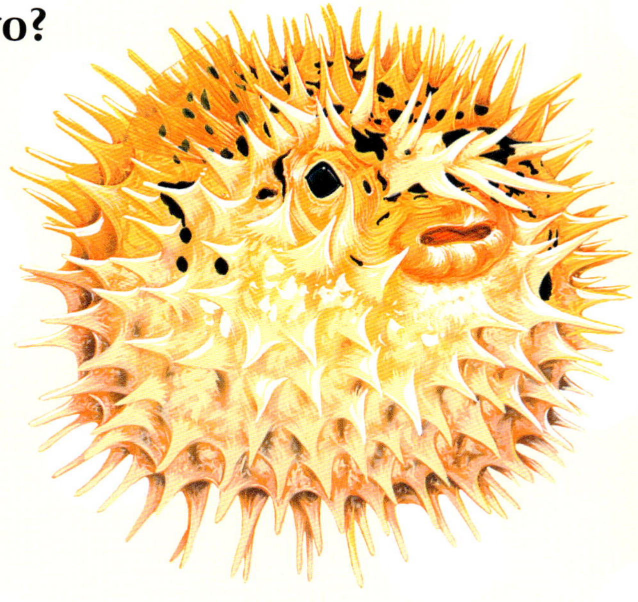

Dlaczego rekiny z rodziny scymnowatych mają tak dziwne nazwy?

Nazwa jednego z rekinów powiązana jest bezpośrednio z kształtem ugryzień jakie pozostawia na swojej ofierze. Wyglądają one jak ugryzienia na ciastkach, stąd nazwa – krajacz ciastek (*cookie-cutter*). Inna nazwa tego gatunku rekina pochodzi od jego kształtu, który przypomina cygaro. Te małe, brązowe rekiny potrafią osiągnąć do 50 cm długości.

Dlaczego skorupiaki zrzucają swój egzoszkielet?

Szkielet zewnętrzny skorupiaków nie jest żywą materią i nie rośnie wraz z nimi. Skorupiaki muszą zrzucić swój szkielet zewnętrzny aby pozwolić drugiemu na rozrośnięcie się. Za nim dochodzi do zrzucenia starego egzoszkieletu, nowy zaczyna się już pojawiać. Różne części egzoszkieletu łączą się ze sobą; tak na przykład jest ze skorupą żółwia.

Dlaczego niektóre z ośmiornic zmieniają swój kolor?

Kolor zmieniają tylko wtedy, kiedy czują się zagrożone: z jasnobrązowego, na ciemnobrązowy z wyraźnymi niebieskimi kołami. W ten sposób ośmiornica pokazuje swoje zdolności do zatruwania ofiar. Ośmiornice należące do podrzędu ośmiornic właściwych są jednymi z najniebezpieczniejszych stworzeń morskich.

Dlaczego rybitwy popielate przylatują nad ląd?

Rybitwy popielate spędzają większość swojego życia na morzu, natomiast na ląd docierają tylko w celach rozrodczych. Ich gniazda usytuowane są na skałach i otoczone tylko kamieniami. Może wygląda to niezbyt bezpiecznie, ale jajka rybitw przypominają wyglądem kamienie, dzięki czemu są trudne do dostrzeżenia dla drapieżników.

Dlaczego kosarze są takie niezwykłe?

Ponieważ produkują przeraźliwy odór. Kosarze należą do rzędu pajęczaków. Mają niesamowicie długie odnóża. Ich niezwykłość polega na tym, iż bardzo przypominają pająki, którymi faktycznie nie są. Nie posiadają organów tworzących sieci, kłów ani trujących gruczołów i są zupełnie bezbronne w kontakcie z człowiekiem.

Dlaczego koniki morskie cały czas się odżywiają?

Są to ryby morskie z rzędu igliczniokształtnych. Koniki morskie nie posiadają ani zębów, ani żołądka. Jedzenie przelatuje przez ich system pokarmowy tak szybko, iż aby przeżyć, muszą nieustannie się odżywiać. Dziennie potrafią zjeść nawet ponad 3000 krewetek.

Dlaczego pająki wstrzykują swoim ofiarom truciznę?

Aby rozpuścić ich tkanki. Pająki mogą odżywiać się tylko materią w stanie ciekłym. Jak tylko wchodzą w kontakt ze swoją ofiarą, natychmiast dochodzi do ukąszenia. Poprzez ukąszenie wstrzykują truciznę, która nie tylko paraliżuje ofiarę, ale także zamienia ją w stan ciekły. W ten sposób pająk jest w stanie pożywić się swoją ofiarą. Jeśli nie jest głodny, owija swoją ofiarę siecią i odkłada ją na później.

Dlaczego lis polarny zmienia kolor sierści?

Na okres zimy sierść lisa polarnego przybiera barwę białą, dzięki czemu trudno go dostrzec na śniegu. Nos i czarne oczy to jedyne słabe punkty jego szaty ochronnej w okresie zimowym. W marcu lis polarny ponownie zmienia szatę. Pojawia się rudobrunatna sierść, która doskonale wtapia się w wiosenno-letni krajobraz środowiska życia tego drapieżnika. Lis polarny to jedyny przedstawiciel rodziny psowatych, który zimą zmienia kolor sierści.

Dlaczego niektóre ślimaki są niebezpieczne dla człowieka?

Wśród ślimaków morskich istnieją gatunki zaliczane do jadowitych, np. stożki i terebry. Posiadają one gruczoł jadowy, połączony z ostrym kolcem, który znajduje się na końcu organu czuciowego. W chwili zagrożenia ślimak wysuwa ostry kolec, nawet na odległość kilku centymetrów i jad trafia do ciała ofiary. Trucizna najczęściej paraliżuje ciało zdobyczy. Siła trucizny niektórych stożków jest niebezpieczna nawet dla człowieka.

Dlaczego papugi „gadają"?

Papugi uczą się dźwięków wydawanych przez ludzi, gdyż wydają się im interesujące, a posługiwanie się nimi przyciąga uwagę. Wszystkie dziko żyjące ptaki uczą się naśladować dźwięki wydawane przez starszych przedstawicieli gatunku. Posługiwanie się odpowiednimi dźwiękami pozwala na przeżycie.

Dlaczego małże wytwarzają perły?

Aby odizolować ciała obce, które przedostały się do ich organizmu. Małże to gromada mięczaków zamieszkujących środowiska wodne. Perła powstaje, gdy do wnętrza skorupy dostanie się ciało obce. Małża produkuje wówczas substancję perłową – kombinację wapnia i białka, która otacza obcy materiał.

Dlaczego nos kiwi jest taki niezwykły?

Kiwi to jedyny ptak, który na końcu dzioba posiada nozdrza. Jest to jeden z niewielu ptaków, który ma doskonałe poczucie smaku. Nocą można usłyszeć kiwi, które wydają chrapliwe dźwięki. Dźwięki te towarzyszą oczyszczaniu nozdrzy i poszukiwaniu jedzenia.

Dlaczego wielbłądy na pustyni mogą przeżyć długi okres czasu bez dostępu do wody?

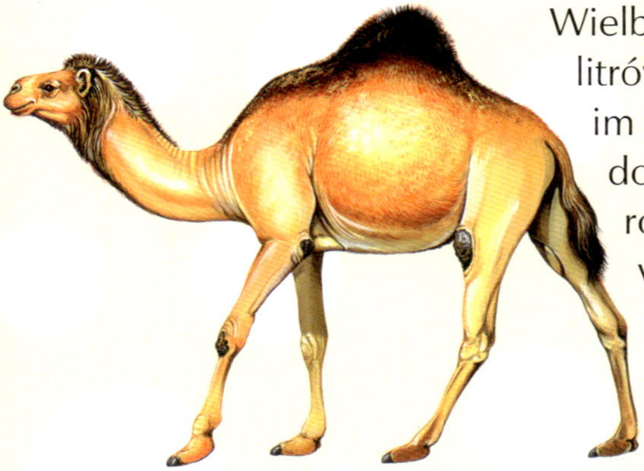

Wielbłądy jednorazowo potrafią wypić nawet 80 litrów wody, tworząc zapasy, które pozwalają im na przeżycie kolejnych 40 dni bez dostępu do niej. Ponad to, odżywiając się pustynną roślinnością, wielbłądy pobierają wodę w niej zawartą. Nie jest prawdziwym twierdzenie, iż wielbłąd magazynuje wodę w garbach.

Dlaczego nosacze są takie niezwykłe?

Nosacze mają najdłuższe nosy ze wszystkich naczelnych. Nosy te potrafią mierzyć nawet do 17,5 cm i stanowić 1/4 długości ciała. Niektóre nosacze mają tak długie nosy, iż aby się pożywić, muszą trzymać je uniesione do góry. Nosacze są przedstawicielami rodziny małp makakowatych.

Dlaczego jeden z gatunków agamy nazwano agamą kołnierzastą?

Nazwa pochodzi od płata skóry, który otacza szyję agamy. Na co dzień płat ten całkowicie przylega do szyi. W sytuacji zagrożenia agama natychmiast rozkłada swój kołnierz, przybierając groźniejszy wygląd i optycznie zwiększając wymiary ciała.

Dlaczego niektóre gatunki gekonów nie mrugają oczami?

Niektóre gatunki gekona mają nieruchome, zrośnięte powieki. Gekony to małe jaszczurki, które możemy spotkać w rejonach o ciepłym klimacie.

Dlaczego kameleon jest tak skuteczny w polowaniu?

Siedząc nieruchomo lub spacerując porusza oczami i dzięki temu zauważa potencjalną ofiarę. Poluje za pomocą języka wyrzucanego błyskawicznie w kierunku ofiary, która przylepia się do jego zakończenia i jest wciągana do pyska zwierzęcia. Osławiona zmiana barw służy w dużej mierze wizualnej komunikacji między osobnikami.

Dlaczego jaguary bywają nazywane czarnymi panterami?

Jaguary, które zamieszkują tereny lasów deszczowych mają zazwyczaj czarne ubarwienie. Jest to swego rodzaju forma adaptacji do środowiska naturalnego, w którym żyją. Jaguar to jeden z największych kotów spośród wszystkich kotowatych zamieszkujących zachodnią półkulę naszej planety.

Dlaczego świnie tarzają się w błocie?

Świnie tarzają się w błocie aby między innymi ochłodzić swoje ciało. Zwierzęta te nie posiadają gruczołów potowych, zatem nie są w stanie tą drogą pozbyć się nadmiaru ciepła. Błoto stanowi także naturalną ochronę skóry przed poparzeniami słonecznymi oraz przed owadami i pasożytami.

Dlaczego świnki morskie muszą ciągle coś obgryzać?

Świnki morskie mają ostre zęby, które rosną przez całe życie muszą więc być systematycznie ścierane. W innym wypadku zęby byłyby tak długie, iż uniemożliwiałyby spożywanie pokarmu.

Dlaczego uszy psów dingo są takie niezwykłe?

Ponieważ nigdy nie opadają, co jest cechą charakterystyczną tych wspaniałych zwierząt. Psy dingo to rodowite psy australijskie. Mogą być brązowe, czarne lub białe. Żyją przeważnie w stadach.

Dlaczego liczba dropów spada?

Liczba przedstawicieli tego gatunku spada ze względu na ilość zniszczeń, która dotyka środowisko życia dropów. Drop to najcięższy latający ptak. Może ważyć nawet do 17 kg. Żyje przeważnie w południowej i centralnej Europie, a także na terenach Azji o umiarkowanym klimacie.

Dlaczego flamingi mają różowy kolor?

To sposób odżywiania się wpływa na kolor flamingów. Karoten zawarty w krewetkach oraz skorupiakach sprawia, iż flamingi są różowe. Flamingi są brodzącymi ptakami stadnymi. Można je spotkać zarówno na zachodniej, jak i wschodniej półkuli.

Dlaczego pszczoły produkują miód?

Pszczoły produkują miód, aby nakarmić młode, a także na wypadek kiedy nektar stanie się zupełnie niedostępny. Miód to skomplikowana substancja, na którą składają się nektar i cząstki zebrane z roślin i drzew, a następnie przetworzone przez pszczoły.

Dlaczego modliszki tak się nazywają?

Wynika to ze sposobu trzymania przez nie przednich odnóży. Wygląda to tak, jakby składały je do modlitwy. Tak naprawdę przednie kończyny wyposażone są w ostre igły, które działają niczym nożyczki i pozwalają na chwytanie ciem czy gąsienic.

Dlaczego kleszcze zaliczane są do gromady pajęczaków?

Posiadające cztery pary odnóży kleszcze należą do gromady pajęczaków, która obejmuje wszystkie organizmy wyposażone w cztery pary odnóży krocznych. Można je znaleźć w różnych środowiskach. Zarówno lądowych, jak wodnych. Kleszcze są pasożytami zewnętrznymi, odżywiają się krwią większych stworzeń, do których umiejętnie się przyczepiają.

Dlaczego szympansy wzajemnie się iskają?

Aby pozbyć się pasożytów. Szympansy to wielkie małpy, których ciała pokryte są ciemnym brązowym futrem. Nieowłosione są tylko: twarz, palce, dłonie oraz spód stopy. Szympansy iskają się, aby oczyścić futro z pasożytów. Jest to także forma komunikowania się, zawierania przyjaźni, wzmacniania kontaktów i godzenia się po walce. Proces ten może trwać nawet kilka godzin.

Dlaczego gryzonie są tak ważne dla ekosystemu?

Gryzonie są niezbędne dla ekosystemu ze względu na tempo reprodukcji. Stanowią doskonałe pożywienie dla drapieżników, pomagają również w rozprzestrzenianiu ziaren i nasion. Ludzie wykorzystują futro wielu gatunków gryzoni, a także używają ich jako „żywych testerów" przy produkcji lekarstw.

Rośliny

Dlaczego rośliny mają kwiaty?

Większość roślin może pochwalić się dużymi, kolorowymi kwiatami. Kwiaty te służą przede wszystkim do wytwarzania nasion. Nasiona takie dają później życie kolejnym roślinom. Młode kwiaty stają się z czasem dojrzałymi roślinami zdolnymi do produkcji własnych nasion. Proces ten nazywany jest reprodukcją. Kwiaty mają tak niezwykłe kolory, aby zwabić owady, które odpowiadają za rozsiewanie nasion.

Dlaczego błoniaste paprocie są takie niezwykłe?

Paprocie błoniaste są tak małe, że ich cała kolonia jest w stanie zmieścić się pod średniej wielkości liściem. Liście tej paproci są praktycznie przeźroczyste i wymagają bardzo dużej wilgotności. Paprocie te rosną w kontraście do innych przedstawicieli tej rodziny, którzy mogą osiągać rozmiary nawet do 15 m, przy długości liści dochodzących do 6 m. Takie paprocie nie są niczym niezwykłym w Nowej Zelandii i Australii. To bardzo stara rodzina roślin. Rosną na wilgotnych terenach pod sklepieniem lasu.

Dlaczego liście alstroemeri układają się wierzchem do dołu?

Takie przekręcenie liści pozwala na zatrzymanie wody i redukuje ilość infekcji ze strony grzybów, a ponadto pozwala kwiatom lepiej oddychać. Alstroemeria, popularnie zwana peruwiańską lilią, lub lilią Inków, jest południowo-amerykańskim rodzajem roślin składającym się z blisko 50 gatunków. Liście alstroemeri układają się wierzchem do dołu.

Dlaczego groszek pachnący zwany jest „jednoroczną królową"?

Tak nazywają go angielscy ogrodnicy. Groszek pachnący to roczna roślina pnąca. W odpowiednich warunkach potrafi osiągnąć nawet 2 m wysokości. Kwiaty tego groszku przyjmują kolory, takie jak: lawendowy, różowy, fioletowy, czerwony, biały oraz żółty. Nasiona i kwiaty tego groszku są trujące i nie powinny być jedzone.

Dlaczego milin amerykański może być niebezpieczny dla człowieka?

Roślina ta produkuje substancje drażniące skórę. Kontakt z nią może skutkować zaczerwienieniem, pieczeniem i swędzeniem skóry, a nawet jej trwałym uszkodzeniem. Roślina ta, żyjąc w odpowiednich warunkach, wykazuje bardzo inwazyjny charakter.

Dlaczego wisteria nosi taką nazwę?

Nazwa wywodzi się od odkrywcy dr. Caspara Wistara (1761 – 1818), profesora anatomii na uniwersytecie w Pensylwanii. Często używa się nazwy wistaria, jednak w nomenklaturze botanicznej gatunek ten nosi nazwę wisteria. Jest to rodzaj rośliny z rodziny bobowatych, charakterystyczny dla wschodnich terenów USA i wschodniej Azji.

Dlaczego ostrokrzew rodzi owoce dopiero wtedy, kiedy w sąsiedztwie znajduje się męski przedstawiciel gatunku?

Dopóki męski pyłek nie jest dostarczony, nie dojdzie do zapylenia, a tym samym do wytworzenia owoców. Ostrokrzew jest rośliną rozdzielnopłciową. Znaczy to, że męskie i żeńskie organy do reprodukcji znajdować się muszą na dwóch różnych roślinach. W ten sposób mamy męskich i żeńskich przedstawicieli gatunku.

Dlaczego miłorząb dwudzielny nazywany jest żyjącą skamieniałością?

Dlatego, że jego wygląd nie zmienił się od milionów lat. Drzewa tego typu często znajdują się w pobliżu ulic. Kilkaset lat temu uważano, iż gatunek ten wyginął, jednak w XVIII w. udało się natrafić w Chinach na żyjących przedstawicieli. Datuje się, iż miłorząb mógł pojawić się na Ziemi nawet 150 milionów lat temu, w okresie jurajskim. Jest to jeden ze starszych gatunków drzew obecnych na naszej planecie.

Dlaczego szafran jest jedną z najdroższych przypraw?

Szafran należy do grupy najdroższych przypraw świata. Jego źródłem są wysuszone kwiaty szafranu uprawnego krokusa. Owoce takiej rośliny to trójkomorowe, wielonasienne torebki. Włoski szafranu muszą być ściągnięte z takiego kwiatu ręcznie. Aby zyskać pół kilo szafranu potrzebnych jest 75 000 takich kwiatów.

Dlaczego welwiczja jest taka niezwykła?

Welwiczja posiada tylko dwa długie liście, które wraz ze wzrostem strzępią się na mniejsze kawałki. Welwiczje są schronieniem dla małych mieszkańców pustyni, oraz pełnią ważną rolę w cyklu życia pustynnego. Rośliny te występują głównie w Namibii i Angoli, dwóch afrykańskich krajach.

Dlaczego nasiona jabłek mogą spowodować zatrucie organizmu?

Nasiona te zawierają amigdalinę, cyjanek i cukier, które degradują się podczas metabolicznego procesu do cyjanowodoru. Cyjanek jest substancją silnie trującą. Blokuje transport tlenu we krwi, co skutkuje śmiercią z powodu uduszenia.

Dlaczego liście rododendronu skręcają się, kiedy temperatura spada poniżej 25°C?

Rododendron zwija swoje liście, aby zapobiec utracie wilgotności. To roślina ogromnie czuła na zmiany temperatury. Kiedy temperatura spada poniżej 25°C, liście skręcają się tak mocno, iż niemal ich nie widać. Kiedy temperatura spada poniżej 10°C liście ścieśniają się nawet mocniej, stają się brązowozielone i zaczynają zwisać na zimnym powietrzu.

Dlaczego listownica jest taka niezwykła?

Listownica to morska roślina tworząca podwodne lasy u wybrzeży Kalifornii. Może osiągnąć nawet 100 m, co czyni ją jedną z największych roślin na kuli ziemskiej. Podstawa listownicy jest mocno przyczepiona, natomiast liście mogą się ciągnąć pod wodą na dziesiątki metrów.

Dlaczego wiele roślin tundry ma żółte lub białe kwiaty?

Ponieważ są zapylane przez owady nie odróżniające kolorów. Na obszarach tych znajduje się bardzo niewiele pszczół, zatem za zapylanie odpowiadają zupełnie inne owady, co ważne, nie odróżniające kolorów. Głównym zadaniem kwiatów jest przyciągnięcie uwagi owadów, natomiast jeśli owady te nie potrafią odróżnić kolorów, wówczas kwiaty nie muszą przybierać wyszukanych wabiących je barw. Z tego właśnie powodu większość kwiatów tundry jest biała lub żółta.

Dlaczego większość wodnych kwiatów rośnie na mieliznach?

Rośliny potrzebują gleby, aby w niej mogły usadowić korzenie. Dodatkowym aspektem jest dostęp do słońca, bez którego rośliny nie mogłyby funkcjonować. Im głębiej pod wodą, tym większe ciśnienie, z którym roślinom ciężko byłoby sobie poradzić. Ostatnim czynnikiem jest dostęp do pożywienia, którego w głębokich wodach są naprawdę niewielkie ilości.

Dlaczego rośliny kwitną głównie wiosną i latem?

Większość roślin kwitnie właśnie w tych porach roku, gdyż jest to najlepszy czas na przyciągnięcie uwagi

owadów i szansa na zapylenie. Najlepszym rozwiązaniem jest otwieranie się kwiatów wiosną, aby podczas gorącego lata nasiona mogły już spokojnie rosnąć i rozwijać się.

Dlaczego tak wiele nasion jest trujących?

Chcą uniknąć zjedzenia. Nasionko to nic innego, jak roślina w fazie embrionu, ściśnięta pod ochronną powłoką z małą ilością pożywienia. Wiele ptaków i ssaków zjada takie nasiona ze względu na ich wartości odżywcze. Niektóre z roślin mają trujące nasiona, co pozwala na odstraszenie ptaków i ssaków. Trujące nasiona są zazwyczaj bardzo kolorowe, dzięki czemu zwierzęta szybko uczą się je odróżniać.

Dlaczego kwiaty alpejskie są tak popularne w ogrodach?

Rośliny takie jak goryczka czy skalnica pochodzą z Alp, stąd nazywa się je alpejskimi kwiatami. Są niezwykle popularne ze względu na swoją wspaniałą kolorystykę i zdolność do adaptacji nawet w najtrudniejszych warunkach. Ich popularność w ogrodach wiąże się ze wspaniałym wyglądem i doskonałą wytrzymałością na zmiany w warunkach pogodowych.

Dlaczego korzenie rosną do dołu?

Korzenie rosną do dołu ze względu na to, iż są w stanie odczuć działanie grawitacji. Odpowiedzią korzenia na działanie tej siły, jest wytworzenie chemikaliów wpływających na rozwój górnej części rośliny. Korzeń to ta część rośliny, która zazwyczaj znajduje się pod powierzchnią gleby. Główną funkcją korzenia, jest stabilizacja rośliny.

Dlaczego pędy roślinne rosną zwykle ku górze?

Pędy roślinne to zwykle nadziemne części roślin, które mogą składać się z łodygi, łodygi z kwiatami lub liśćmi. Ich główną rolą jest odżywianie rośliny dzięki procesowi fotosyntezy, który polega na wykorzystywaniu energii świetlnej w celu wytworzenia organicznych substancji odżywczych. Niezbędnym czynnikiem do przebiegu fotosyntezy jest więc światło – stąd też większość pędów roślinnych rośnie ku górze, w stronę słońca.

Dlaczego większość roślin jest zielona?

Zielony kolor rośliny powiązany jest z istnieniem zielonego pigmentu (chlorofilu) w łodygach i liściach. Czasem zielony pigment przykrywany jest przez inne kolory, na przykład czerwony. Z tego też powodu nie wszystkie rośliny zawierające chlorofil są zielone. Chlorofil pełni ponadto ważną rolę w procesie fotosyntezy.

Dlaczego tłustosz ma tak błyszczącą powierzchnię?

Jest to wabik. Tłustosz to roślina owadożerna należąca do rodziny pływaczowatych. Charakteryzuje się ona błyszczącą powierzchnią liści, przyciągającą niczego niespodziewające się owady. Powierzchnia liści pokryta jest klejącą substancją. Kiedy owad wyląduje na liściu, nie ma już ucieczki. Dla tłustosza owady są nieodzowne w procesie odżywiania.

Dlaczego muchołówka ma taką nazwę?

Nazwa tej rośliny wzięła się właśnie od sposobu chwytania ofiar. Jest to mięsożerna roślina odżywiająca się głównie owadami i pajęczakami. Cała struktura pułapki opiera się na dwóch współdziałających ze sobą liściach. Angielska nazwa tej rośliny odnosi się do rzymskiej bogini miłości – Wenus.

Dlaczego drzewa iglaste mają kształt piramid?

Drzewa te najczęściej rosną na obszarach występowania opadów śniegu. Ich piramidalny kształt nie pozwala ciężkiej pokrywie śnieżnej na utrzymanie się na gałęziach i w ten sposób chroni drzewa przed złamaniem. Przedstawicielami drzew iglastych są między innymi świerki, sosny i jodły.

Dlaczego aloes i agawa mają twarde i grube liście?

Ponieważ ułatwia to magazynowanie wody. Są to rośliny ogromnie odporne na suszę. Rosną w ekstremalnych, pustynnych warunkach. Grube liście pozwalają tym roślinom na magazynowanie dużych ilości wody, aby możliwe było przetrwanie w warunkach suszy.

Dlaczego rośliny zrzucają na zimę liście?

Zimą liście tracą olbrzymie ilości wody i aby do tego nie dopuścić, drzewa pozbywają się ich. Zima to czas kiedy rozwój i wzrost roślin jest praktycznie na zerowym poziomie. Większość lądu jest wówczas pokryta śniegiem, gleba i wody zamarzają, natomiast słońce nie grzeje już tak jak w porze letniej. W takich warunkach drzewa po prostu robią sobie przerwę.

Dlaczego liście niektórych roślin mają postać igieł?

Jest to kształt ochronny przed zbyt dużą utratą wody. To właśnie przez powierzchnię liścia roślina traci większość wody w procesie zwanym transpiracją. Igły dodatkowo pełnią funkcję ochronną. Rośliny iglaste rosną przede wszystkim na terenach pustynnych, gdzie dostęp do wody jest znacznie ograniczony. Rośliny takie starają się magazynować każdą dostępną kroplę wody.

Dlaczego liście mają tak różne kształty?

Kształt liści zależny jest od środowiska życia danych roślin. Ma to związek zarówno z temperaturą, jak i działaniem wiatru. Drzewa rosnące wysoko w górach posiadają zamiast liści igły, dzięki czemu nie są tak narażone na działanie wiatru. Liście drzew w lasach deszczowych posiadają suche koniuszki, co pozwala wodzie na swobodne spływanie z ich powierzchni. Podobne liście do górskich drzew posiadają kaktusy, także u nich liście przybierają kształt ochronnych igieł.

Dlaczego muchomor sromotnikowy jest taki szkodliwy?

Muchomor ten to trujący grzyb kapeluszowy. Pojawia się głównie latem i jesienią. Ma charakterystyczny zielony kapelusz z białymi blaszkami. Rośnie głównie w pobliżu plaż oraz przy dębach. Zjedzenie takiego grzyba może być śmiertelne.

Dlaczego zjedzenie muchomora może być tak niebezpieczne?

Wiele z nich zawiera trujące substancje. Zjedzenie takiego grzyba może skutkować poważnymi konsekwencjami. Charakterystyczne czerwone muchomory powodują bóle brzucha, wymioty, konwulsje, a nawet śmierć. Muchomory to grzyby z rodziny drobnołuszczakowatych.

Dlaczego chlorofil jest niezbędny w procesie fotosyntezy?

Chlorofil absorbuje energię słoneczną, którą następnie roślina przetwarza na substancje odżywcze. Ponadto chlorofil pochłania z atmosfery dwutlenek węgla i uwalnia tlen. Chlorofil to pigment dający roślinom zieloną barwę. Wszystkie liście posiadają chlorofil, przy czym u niektórych roślin zielony kolor jest zdominowany przez inny.

Dlaczego sadzenie drzew jest tak ważne dla środowiska?

Sadzenie drzew jest niezmiernie ważne, gdyż drzewa dbają o czystość środowiska. Drzewa produkują niezbędny dla nas tlen, dodatkowo pochłaniają z atmosfery dwutlenek węgla. Chronią glebę przed erozją, w ten sposób dbając o podziemne pokłady wody. Co roku drzewa pochłaniają olbrzymie ilości CO_2 wytwarzanego przez samochody, fabryki.

Dlaczego rośliny parują?

Parowanie wody z rośliny, zwłaszcza z liści, łodyg i kwiatów – to transpiracja. Transpiracja pomaga roślinom w procesie regulacji temperatury odpowiedniej dla danego gatunku. Ponadto proces ten odpowiedzialny jest za utrzymanie odpowiedniego nawodnienia rośliny.

Dlaczego płatki roślin są kolorowe i wydzielają zapach?

Pomaga to w przyciąganiu uwagi owadów, zapylających rośliny. Zapylanie roślin jest nieodzowne w rozwoju procesu reprodukcji. Zapach przyciąga owady, które siadają na płatkach roślin. Następnie pyłek przyczepia się do części ciała takiego owada, a kiedy wizytuje on inny kwiat, dochodzi do przekazania pyłku i w konsekwencji do zapylenia.

Dlaczego rozprzetrzenianie nasion jest takie istotne?

Jeśli nasiona spadałyby bezpośrednio pod roślinę, dochodziłoby do olbrzymiego zagęszczenia roślin w jednym miejscu. Konsekwencją byłby brak pokarmu i usychanie roślin. Zgodnie z zasadami wyznaczonymi przez naturę, przetrwają tylko najsilniejsi. Dlatego tak ważne jest rozprzestrzenienie nasion, aby mogły znaleźć odpowiednie warunki do wzrostu i rozwoju. Nasiona mogą być rozpraszane w różny sposób. Mogą być przenoszone przy pomocy wiatru, wody, ptaków lub owadów. Niektóre z roślin są nawet w stanie wystrzelić swoje nasiona na pewną odległość.

Dlaczego groszek pachnący idealnie nadaje się do badań genetycznych?

Groszek ten nadaje się idealnie do badań genetycznych ze względu na samozapylanie. Cykl życia trwa jeden pełny sezon. Groszek pachnący produkuje ogromną ilość nasion, które są bardzo łatwo przenoszone. Dlatego roślina ta pełni tak ważną rolę w badaniach genetycznych.

Dlaczego dba się o rośliny dekoracyjne?

Rośliny dekoracyjne to takie, które hoduje się ze względu na ich upiększający charakter. Cele komercyjne schodzą tutaj na drugi plan. Rośliny te rosną głównie w szklarniach i pod stałą opieką ogrodników. Cechami wyróżniającymi je są przepiękne liście, owoce, łodygi i kwiaty.

Dlaczego rośliny wodne mają tak cienkie liście?

Rośliny wodne mają specjalną tkankę miękiszową zwaną miękiszem powietrznym. Występuje ona u roślin wodnych, u których utrudniona jest wymiana gazowa. Ponadto tkanka ta umożliwia unoszenie się. Rośliny te posiadają także woreczki powietrzne, dzięki którym woda trafia bezpośrednio do liści. Odpowiednio zmodyfikowane korzenie wspierają roślinę i ułatwiają jej wymianę gazową.

Dlaczego pnącza tak się nazywają?

Nazwa roślin pochodzi właśnie od ich pnącej struktury. Pnącza to rośliny o charakterystycznych, elastycznych łodygach. Większość winorośli posiada właśnie te cechy. Są w stanie rosnąć, opierając się i przykrywając ściany i kolumny. Niektóre z pnączy potrzebują wsparcia, aby móc swobodnie się piąć. Wsparciem takim może być nawet zwykły patyk wbity w ziemię.

Dlaczego lilia wodna ma szerokie i płaskie liście?

Budowa lilii wodnych pozwala im swobodnie unosić się na wodzie, a dodatkowo zapewnia olbrzymie pokłady zmagazynowanej energii. Lilie to bardzo popularne rośliny wodne. Żyją one głównie na brzegach stawów i jezior, przede wszystkim w pobliżu mielizn.

Dlaczego rośliny strączkowe są bogate w białko?

Strąki posiadają olbrzymią ilość białka. Jest to wynik symbiozy i dostarczania znacznych pokładów azotu do tych roślin. Ze względu na wysoką zawartość białka, strąki pełnią ważną funkcję w rolnictwie i są bardzo często uprawiane.

Dlaczego narcyz nosi taką nazwę?

Nazwa tego kwiatu wzięła się od greckiego myśliwego Narcyza, który był uważany za bardzo przystojnego młodzieńca. Jest to rodzaj bylin cebulowych należących do rodziny amarylkowatych. Narcyzy rosną głównie w rejonach Morza Śródziemnego. Kwiaty występują w pękach i dają niesamowity zapach. Narcyzy często pełnią funkcję roślin domowych i dekoracyjnych.

Dlaczego szyszki trzymają swoje nasiona zamknięte wewnątrz przez okres nawet 3 lat?

Nasiona trzymane są wewnątrz szyszek, aż nadejdzie właściwy moment na ich wypuszczenie. Potrzebują trzech lat na rozwój wewnątrz szyszki. Kiedy nasiona są już w pełni rozwinięte, szyszka otwiera się i wyrzuca je na zewnątrz. Następnie nasiona te porywane są zazwyczaj przez wiatr.

Dlaczego figa nazywana jest fałszywym owocem?

Owoc to nic innego jak dojrzała zalążnia razem z nasionami tworząca kwiat rośliny. W wielu gatunkach owoc pochłania całą zalążnię wraz z otaczającą ją tkanką. Termin fałszywy owoc odnosi się do roślin takich jak figi, gdzie owoc nie ma zupełnie nic wspólnego z kwiatem.

Dlaczego roślina telegraf jest taka słynna?

Roślina ta znana jest także pod nazwą roślina tańcząca. Jest to gatunek rośliny wieloletniej pochodzący z tropikalnej Azji. Ma ona zdolność to poruszania liśćmi pionowo, lub zataczania nimi kół. Liście te poruszając się pod wpływem światła, dotyku, temperatury, a także dźwięku, stwarzają wrażenie jak gdyby przekazywały sobie nawzajem wiadomości.

Dlaczego niektóre rośliny nazywane są roślinami C3?

Jest to związane z procesem fotosyntezy, który odbywa się w określonym cyklu. Cykl ten zwany jest C3 ze względu na produkowany węgiel C3. Rośliny te występują w miejscach o średnim nasłonecznieniu.

Dlaczego niektóre strefy na Ziemi nazywane są od roślin tam występujących?

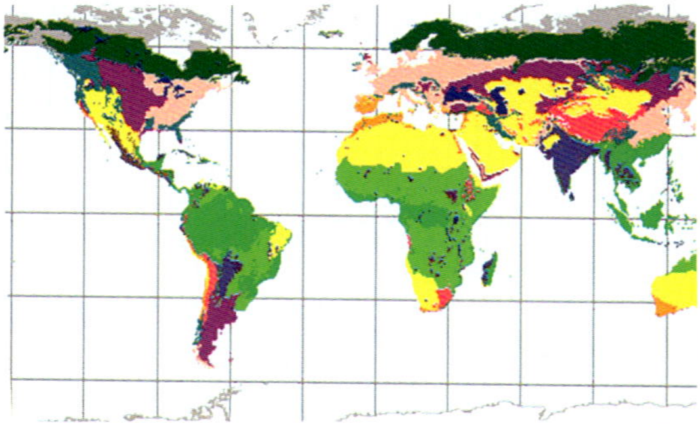

Jest to powiązane z faktem, iż rośliny te są dominującym elementem danego środowiska (np. lasy czy równiny). Rośliny są niezbędne do prawidłowego funkcjonowania ekosystemu. Zapewniają nam jedzenie, tlen i utrzymują odpowiedni balans w środowisku.

Dlaczego w starożytnych tekstach występują informacje o wierzbach płaczących?

Wierzby płaczące zostały wymienione w tekstach asyryjskich, sumeryjskich i egipskich jako środek medyczny przeciwko bólom i gorączce. Hipokrates opisał właściwości medyczne tych liści już w V w. przed Chrystusem. Rdzenni Amerykanie także polegali na wierzbach i ich mocy leczniczej. Ma to wszystko związek z występującym w wierzbach kwasem salicylowym, prekursorem aspiryny.

Dlaczego właściciele akwariów trzymają w nich wraz z rybami rośliny?

W ten sposób rośliny natleniają wodę, dzięki czemu rybom łatwiej jest oddychać. Bez tego funkcjonowanie ryb w akwarium nie byłoby możliwe.

Dinozaury

Dlaczego dinozaury osiągały olbrzymie rozmiary?

Dinozaury osiągały bardzo różne rozmiary i kształty, nie mniej jednak wiele z nich było naprawdę olbrzymich. Ich rozmiary były prawdopodobnie konsekwencją stylu odżywiania się. Zauropody na przykład posiadały ogromne żołądki, stąd musiały trawić olbrzymie ilości pożywienia.

Dlaczego istnienie ultrazaura uważa się za dość wątpliwe?

Był to jeden z największych i najwyższych dinozaurów. Nie mniej jednak uważany jest za gatunek wywodzący się od dwóch innych – brachiozaura i superzaura. Oba te gatunki były olbrzymie, posiadały cztery kończyny i odżywiały się roślinnością. Brachiozaur posiadał długą, żyrafią szyję, malutką głowę i średniej długości ogon. Superzaur miał podobny do bata ogon, dodatkowo nosił bardzo nisko spuszczoną głowę.

Dlaczego saltazaur był taki niezwykły?

Był to roślinożerny dinozaur ze specyficznie zbudowaną szyją. Jej unikalną cechą było pokrycie, które stanowiły kostne płaty. Saltazaur mierzył 12 metrów i ważył około 7 ton. Saltazaur znaczy jaszczurka z Salty.

Dlaczego kecalkoatla nie zalicza się obecnie do dinozaurów?

Wielu naukowców nie traktuje kecalkoatla jako dinozaura. Udowodniono, że był on przedstawicielem rzędu pterozaurów, latających gadów, które były blisko spokrewnione z dinozaurami. Było to największe ówcześnie latające zwierzę. Rozpiętość skrzydeł wynosiła od 12 do 14 m. Szyja mierzyła 3 m, a nogi około 2,1 m.

Dlaczego edmontonia niemal pełzała po ziemi?

Aby zapewnić sobie bezpieczeństwo. Był to dinozaur posiadający kostne płaty na bokach ciała, głowie, ogonie i ramionach. Dodatkowo pomiędzy tymi płatami można było dostrzec charakterystyczne ostrza. Aby wykorzystać swoją budowę ciała i skutecznie ochronić się przed drapieżnikami, edmontonia niemal pełzała po ziemi. W ten sposób szansa na jakikolwiek atak była ograniczona do minimum.

Dlaczego bruhatkajozaur był taki niezwykły?

Ponieważ to największy dinozaur, na szczątki którego kiedykolwiek natrafiono. Długość ciała dochodziła do 44 m. Ciężar wahał się od 90 do 130 ton. Ślady tego dinozaura wydobyto z Formacji Kallamedu w Indiach (w stanie Tamil Nadu). Prawdopodobnie bruhatkajozaur żył w mezozoiku przed 70 milionami lat.

Dlaczego powieki ankylozaura były opancerzone?

Opancerzone powieki były ochroną przed drapieżnikami. Ankylozaur był dużym, opancerzonym dinozaurem, mierzył około 10 m, ważył około 6 ton. Ponadto całe ciało ankylozaura pokryte było ostrzami, a ogon miał kształt młota. Ogon służył ankylozaurowi do zadawania ran przeciwnikom. Jedyna szansa na pokonanie ankylozaura była w przewróceniu go na grzbiet.

Dlaczego stegozaura nazywa się czasem "zadaszonym jaszczurem"?

Nazwa stegozaur znaczy właśnie "zadaszony jaszczur". Stegozaur miał małą głowę, duże ciało i opancerzone, przypominające diamenty płaty, zwisające po jego bokach. Stegozaur osiągał około 8 m wysokości i ważył od 1800 do 2500 kg. Mózg stegozaura miał natomiast wymiar orzecha włoskiego.

Dlaczego hipakrozaur był taki niezwykły?

Hipakrozaur miał na głowie charakterystyczną wypukłość. Naukowcy uważają, iż dzięki temu grzebieniowi, wydawał on głosy, które słyszalne były z bardzo dużych odległości. Doskonały wzrok pozwalał hipakrozaurowi na wczesne dostrzeżenie niebezpieczeństwa. Dinozaur ten żył w późnej kredzie przed 72 – 70 milionami lat.

Dlaczego dinozaury podobne do ptaków były uważane za najbardziej niebezpieczne?

Najbardziej niebezpiecznymi dinozaurami były szybkie, podobne do ptaków drapieżniki. Posiadały one olbrzymie szczęki, ostre zęby oraz podobne do skrzydeł ramiona, które gwarantowały szybkie poruszanie się. To wszystko sprawiało, że były bardzo niebezpieczne. Megaraptor czy mapuzar to tylko jedne z przedstawicieli tej grupy dinozaurów.

Dlaczego megaraptor zaliczany jest do najniebezpieczniejszych dinozaurów?

Zgodnie z tym, co twierdzą paleontolodzy, megaraptor należący do teropodów, był jednym z najsprytniejszych dinozaurów. To sprawiało, iż był on ogromnie niebezpieczny. Megaraptor żywił się wszystkim, co umiał zgnieść i rozerwać. Polując stadami, megaraptory mogły pochwycić każdą, wybraną przez siebie ofiarę. Żyły w kredzie przed 90 – 84 milionami lat.

Dlaczego akrokantozaur był taki niezwykły?

Sprawiał to jego wygląd. Akrokantozaur posiadał kolce wyrastające wprost z kręgosłupa. Długość ciała wynosiła około 11m, a masa 4 tony. Kolce wyrastały zarówno z kręgosłupa, jak i wzdłuż szyi oraz ogona.

Dlaczego homalocefale zostały tak nazwane?

Nazwa nawiązuje do kształtu głowy tego dinozaura. Homalocefal miał twardą i płaską czaszkę, malutki mózg i olbrzymie oczy. Głowa homalocefala była znacznie bardziej płaska niż u innych przedstawicieli tego rzędu dinozaurów. Homalocefale żyły w kredzie przed 80 – 70 milionami lat.

Dlaczego stygimoloch miał niezwykły kształt głowy?

Stygimoloch posiadał kopulastą głowę i bardzo twardą czaszkę. Mógł on korzystać z niej podczas walk lub zwykłych zabaw. Ten niezwykle wyglądający dinozaur posiadał ciało pokryte zarówno kolcami, jak i rogami. Jego nazwa znaczy „rogaty diabeł z rzeki śmierci".

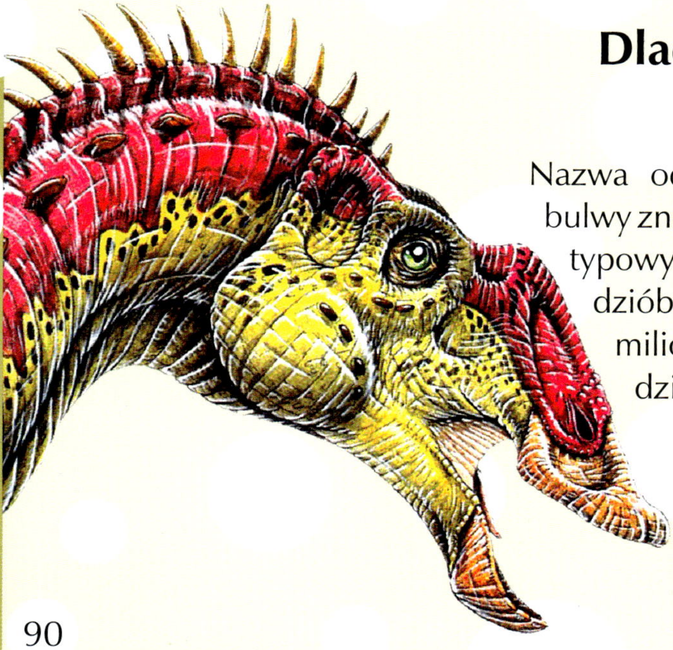

Dlaczego grypozaur został tak nazwany?

Nazwa odnosi się do charakterystycznej bulwy znajdującej się na końcu nosa. Był to typowy dinozaur posiadający bezzębny dziób. Grypozaur żył przed 83 – 75 milionami lat. Długość ciała dochodziła do 4 m, a waga do 500 kg.

Dlaczego jaja hipselozaura były tak niezwykłe?

Największe dinozaurze jaja należały właśnie do hipselozaura. Każde z jaj miało wielkość piłki do rugby. Największe znalezione jajo było 48 razy większe od kurzego. Hipselozaury żyły w późnej kredzie przed 70 – 65 milionami lat.

Dlaczego ankylozaur należy do grona wolno poruszających się dinozaurów?

Ankylozaury były masywnymi, silnie opancerzonymi dinozaurami. Musiały być zatem jednymi z najwolniejszych stworzeń. Należały do rzędu dinozaurów ptasiomiednicznych i podrzędu tyreoforów. Nodozaur był jednym z przykładów ankylozaura.

Dlaczego ogon apatozaura był taki niezwykły?

Prawdopodobnie służył jako noga. Apatozaury poruszały się na swoich czterech nogach bardzo powoli. Niektórzy paleontolodzy twierdzą, iż dinozaury te używały ogona jako piątej nogi, która chroniła apatozaura przed zawadzaniem o różne obiekty. Apatozaur popularnie znany jako brontozaur należał do infrarzędu zauropodów i żył w jurze przed 150 milionami lat.

Dlaczego umiejętność biegu u troodona była taka niezwykła?

Troodon poruszał się na dwóch, podobnych do ptasich, nogach. Nazwa odnosi się do specyficznego uzębienia i samego procesu ząbkowania u troodona. Widząc jego niską wagę i silne nogi, paleontolodzy stwierdzili, iż musiał on być doskonałym biegaczem. Jego bieg opierał się na przeskakiwaniu z jednej nogi na drugą.

Dlaczego unenlagia nie potrafiła latać?

Ze względu na swoją wagę. Unenlagia była ptakopodobnym teropodem zbliżonym wyglądem do archeopteryksów. Struktura ramion pozwala na stwierdzenie, iż unenlagia mogła swobodnie poruszać skrzydłami. Niestety rozmiar skrzydeł nie pozwalał na unoszenie się. Skrzydła nie mogły poradzić sobie z masą ciała unenlagii. Dinozaur ten żył w okresie kredy przed 90 milionami lat.

Dlaczego niektóre dinozaury posiadały pióra, a mimo to nie latały?

Mimo iż istniała duża ilość opierzonych dinozaurów, większość z nich nie potrafiła latać. Pióra służyły im do utrzymania temperatury ciała. Pióra dinozaurów różniły się między sobą wielkością. Niektórym dinozaurom pióra pozwalały lekko wzbić się w powietrze w celu pochwycenia swojej ofiary. Opierzone dinozaury potrafiły czasem nawet szybować z drzew i zaskakiwać przeciwników atakiem z powietrza.

Dlaczego Q.C. Marsh nazwał nowo odkrytego dinozaura apatozaurem?

Amerykański paleontolog Q.C. Marsh odkrył apatozaura w 1877 r. Nazwa ta znaczy tyle co „złudna jaszczurka". Wzięła się ona z faktu, iż znalezione skamieniałości były bardzo podobne do tych już znalezionych i należących do zauropodów. Dopiero Earl Douglass odnalazł skamieniałość zawierającą całego apatozaura i miało to miejsce w Colorado. Apatozaury były roślinożernymi i zupełnie nieszkodliwymi dinozaurami.

Dlaczego pióra nomingii były niezwykłe?

Nomingia była owiraptorem. Ostatnie pięć kręgów znajdujących się przy ogonie łączyło się razem. Dzięki temu dinozaur ten zyskiwał możliwość sterowania lotem podczas szybowania. Taka struktura ogona była znana tylko u ptaków, zanim nie odkryto skamieniałości nomingii. Nomingia należała do rzędu teropodów. Charakterystyczny grzebień na głowie służył prawdopodobnie do manifestacji piękna i władzy.

Dlaczego bambiraptor był ważnym dinozaurem?

Był to mały, ptakopodobny dinozaur. Mógł być ważnym ogniwem w procesie ewolucji dinozaurów do ptaków. Posiadał charakterystyczne kości, które współczesnym ptakom ułatwiają latanie. Bambiraptor żył przed 75 milionami lat.

Dlaczego skamieniałości protoceratopsa były takie niezwykłe?

Wiele skamieniałości protoceratopsa, roślinożernego dinozaura zbliżonego rozmiarami do owcy, znaleziono w Mongolii. Jedna z nich została znaleziona wspólnie ze skamieniałością welociraptora. Wynika z niej, iż welociraptory atakowały protoceratopsy, a następnie żywiły się nimi. Stąd właśnie powstała tak zdumiewająca skamieniałość.

Dlaczego megalozaur był taki niezwykły?

Megalozaur był świetnym i skutecznym myśliwym, a mimo to często zadowalał się padliną. Fragmenty tego dinozaura zostały odnalezione w Anglii w 1819 r. Były to pierwsze przebadane i nazwane skamieniałości dinozaura. Nazwa została nadana przez odkrywcę Williama Bucklanda w 1824 r. W 1827 r. Gideon Mantell nadał temu gatunkowi naukową nazwę – Megalosaurus bucklandii.

Dlaczego kryza kostna anchiceratopsów była taka niezwykła?

Kryza ta miała specyficzny, prostokątny kształt. Dodatkowo na obrzeżach można było dostrzec trójkątne kości. Archiceratops posiadał dwa rogi nad oczami i jeden mniejszy nad nosem. W kryzie znajdowały się dwa otwory zmniejszające jej ciężar. Ponadto dinozaur ten, tak jak inne triceratopsy, miał bezzębny pysk.

Dlaczego pysk hipsylofodona był charakterystyczny?

Pysk hipsylofodona był zakończony kostnym dziobem. Dinozaur ten miał smukłe nogi i sztywny ogon, co dawało mu prędkość i zwinność. Ogon pomagał hipsylofodonowi utrzymać równowagę podczas biegu. Dinozaury te żyły we wczesnej kredzie przed 125 – 120 milionami lat.

Dlaczego nazwa awaceratops jest taka niezwykła?

Odkryty w 1981r. awaceratops został nazwany Awa, od imienia żony odkrywcy dr. P. Dodsona. Awaceraptor jest bardzo podobny do monokloniusa z charakterystycznym pojedynczym rogiem na nosie, jest jednak mniejszy niż większość ceratopsów. Szkielet został odnaleziony w Montanie (USA).

Dlaczego dimetrodon poruszał swoim „żaglem" grzbietowym?

Poruszał nim, aby się ogrzać lub ochłodzić. Dimetrodon to dinozaur o fantastycznym żaglu umiejscowionym na grzbiecie. Skóra dimetrodona była prawdopodobnie pokryta licznymi naczyniami krwionośnymi. Aby się ogrzać, dimetrodon musiał zwracać swój żagiel w stronę słońca. Aby się ochłodzić wystawiał się na działanie wiatru i odwracał od słońca. Żył podczas permu, 280 milionów lat temu.

Dlaczego uważano, że ceratozaur to doskonały pływak?

Na podstawie wyglądu ogona. Ceratozaur został nazwany w 1884 r. przez paleontologa C. Marsha. Widząc jego długi, cienki ogon, doszedł on do przekonania, iż ceratozaur musiał być doskonałym pływakiem. Niestety później teoria ta została obalona. Ceratozaur był silnym drapieżnikiem, poruszającym się na dwóch umięśnionych nogach, posiadał twardą szyję i krótki róg umiejscowiony na nosie.

Dlaczego postawa ultrazaura była tak niezwykła?

Ultrazaur był roślinożercą z postawą przypominającą dzisiejszą postawę żyraf. Był olbrzymim dinozaurem. Jest jednym z największych odnalezionych dotąd dinozaurów, nie mniej jednak może być zwykłym połączeniem dwóch gatunków – brachiozaura i superzaura. Jego żywot datuje się na późny okres kredy.

Dlaczego mózg apatozaura budził zdziwienie?

Apatozaur posiadał bardzo dużą czaszkę, a jednocześnie bardzo mały mózg. Przez długi czas naukowcy twierdzili, iż posiadał nawet dwa oddzielne mózgi. Był on jednym z największych lądowych stworzeń. Wcześniej nazywany brontozaurem, dziś nosi nazwę apatozaur. Mierzył około 20 m i ważył nawet do 30 ton.

Dlaczego sejsmozaur ma tak charakterystyczną nazwę?

Jego nazwa znaczy tyle, co jaszczur powodujący wstrząsy. Wiąże się to z tym, iż kiedy dinozaur ten przemieszczał się po ziemi, wywoływał jej drżenie. Był to olbrzymi dinozaur o długiej szyi, ogonie w kształcie bicza i małej głowie. Mierzył około 32 m i ważył 30 ton. Był jednym z najdłuższych zwierząt świata.

Dlaczego kręgosłup mamenchizaura był taki niezwykły?

Jego kręgosłup składał się z 19 kręgów. Mamenchizaur miał najdłuższą szyję spośród wszystkich dinozaurów. Szyja osiągała długość do 14 m. Sam mamenchizaur mierzył około 25 m i ważył 12 ton. Nazwę nadał mu chiński paleontolog Chung Chien Young, a miało to miejsce w Chinach w 1954 r.

Dlaczego paleontolodzy uważali strutiomima za roślinożercę?

Badania większości przedstawicieli tego gatunku wskazują, że był to raczej dinozaur roślinożerny. Należał on do rodziny ornitomimów i żył na naszej planecie w okresie późnej kredy. Był to strusiopodobny, długonogi dinozaur. Długość jego ciała wynosiła około 4,3 m, natomiast wysokość 1,4 m. Ważył około 150 kg. Strutiomim miał długie i smukłe ręce oraz ramiona. Najdłuższe ręce ze wszystkich ornitomimów były zakończone pazurami. Jego nogi były długie, silne i doskonale przystosowane do nagłego biegu.

Dlaczego szkielet amargazaura jest taki nadzwyczajny?

Z powodu kolców. Posiadał dwa rzędy kolców rosnące wzdłuż kręgosłupa, począwszy od szyi, a skończywszy na ogonie. Kolce te pokrywały skórę tworząc charakterystyczny żagiel. Żagiel ten pełnił prawdopodobnie funkcję przy rytuałach dominacji lub po prostu sprawiał, iż amargazaur wyglądał na większego niż w rzeczywistości. Ponadto kolce te mogły być używane w celach ochronnych. Amargazaur był zauropodem żyjącym we wczesnym okresie kredy.

Dlaczego karcharodontozaur znany jest pod nazwą „jaszczura o zębach rekina"?

Ponieważ jego zęby dochodziły do 20 cm długości. Posiadał też masywny ogon, grube ciało i ciężkie kości. Miał krótkie ramiona i trójpalczaste łapy zakończone pazurami. Możliwe iż karcharodontozaur był padlinożercą. Karcharodontozaur był olbrzymim mięsożercą żyjącym w kredzie przed 110 – 90 milionami lat.

Dlaczego celofyz został tak nazwany?

Celofyzy były małymi i lekkimi dinozaurami poruszającymi się na dwóch nogach. Drapieżnik ten miał bardzo lekkie kości i właśnie stąd wzięła się jego nazwa. Celofyzy żyły podczas triasu przed 210 milionami lat. Były to jedne z najwcześniej żyjących dinozaurów. Posiadały długie głowy z dziesiątkami charakterystycznych ząbków, a łapy zakończone były pazurami.

Dlaczego eoraptor został tak nazwany?

Jego nazwa znaczy grabieżca z Doliny Księżyca i ma to związek z miejscem, w którym został odnaleziony. Dinozaur ten poruszał się na dwóch nogach i był bardzo lekki. Mierzył około 1 m. Miał lekkie kości i ciało naznaczone ząbkami. Jego łapy składały się z pięciu palców dających chwytne możliwości. Jest to jeden z najwcześniej żyjących dinozaurów.

Dlaczego owiraptor jest taki nadzwyczajny?

Był dinozaurem wszystkożernym, co było dość niezwykłe jak na tamte czasy. Jadł mięso, jajka, ziarna, owady i rośliny. Miał lekką budowę, długie nogi, był dwunożnym doskonałym biegaczem. Na przednich kończynach posiadał pazury, a palce były wystarczająco długie aby zapewniać chwytne możliwości. Owiraptor był małym dinozaurem, którego wysokość dochodziła do 2 m.

Dlaczego ornitolest został tak nazwany?

Jego nazwa znaczy „złodziej ptaków". Ornitolest był mięsożercą, a lekka budowa ciała gwarantowała mu wspaniałe osiągi szybkościowe. Miał małą głowę, charakterystyczną bruzdę na nosie, ostre zęby, szyję w kształcie litery „s" oraz stożkowy ogon. Miał czteropalczaste łapy zakończone pazurami. Był to mały, szybko poruszający się teropod, który żywił się mniejszymi schwytanymi zwierzętami.

Dlaczego muszaur nazywany był „mysią jaszczurką"?

Muszaur był prozauropodem, a jego nazwa znaczy „mysia jaszczurka". Dinozaur ten był roślinożercą żyjącym w okresie triasu. Jego szkielet mierzył od 20 do 37 cm, co czyni muszaura jednym z najmniejszym dinozaurów jakie kiedykolwiek żyły.

Dlaczego stopy mikroraptora były tak nadzwyczajne?

Stopy mikroraptora były przystosowane do wspinaczki. Ten dwunożny mięsożerca spędzał większość swojego czasu na drzewach. Kształt oraz budowa palców i pazurów prawdopodobnie umożliwiały mu chwytanie się gałęzi. Dużą część ciała mikroraptora pokrywały pióra. Ponadto potrafił on charakterystycznie podwinąć nogi, aby zaatakować swoją ofiarę, tak jak czynią to dziś żyjące ptaki.

Dlaczego wannanozaur nosi nazwę po chińskiej prowincji?

Wannanozaur należący do rodziny homalocefali mierzył około 80 cm, a jego nazwa ma związek z miejscem, w którym został odkryty jego niekompletny szkielet. Nazwę tę nadał mu chiński paleontolog Hou w 1977 r. Wannanozaur żył w późnej kredzie przed 83 – 73 milionami lat. Był roślinożercą, jadł głównie miękkie rośliny, owoce i nasiona. Jego zęby były małe, ale niesamowicie ostre.

Dlaczego kamazaur zwany jest "komorowym jaszczurem"?

Długa szyja, długi ogon, olbrzymi roślinożerca, to tylko niektóre z cech kamarazaura. Kręgosłup kamarazaura posiada olbrzymie dziury, przypominające komory, stąd nazwa dla tego dinozaura. Komory te sprawiają, iż kręgosłup jest o wiele lżejszy, a nie traci nic na swojej wytrzymałości. Kamarazaury żyły podczas późnej jury przed 155 – 145 milionami lat.

Dlaczego policzki edmontozaurów były takie niezwykłe?

W policzkach rozdrabniany był pokarm. Edmontozaur mógł pochłaniać ogromne ilości bardzo różnorodnego pożywienia dzięki zębom i muskularnym policzkom. Zęby te upakowane były w ciasne rzędy po 60 sztuk. Stracony ząb natychmiast był zastępowany przez nowy. Dzięki temu edmontozaur bez problemu żywił się igłami, szyszkami, nasionami i innym materiałem roślinnym, który chwytał przy pomocy swojego dzioba. W dziobie tym nie posiadał zębów, znajdowały się one w policzkach i tam właśnie pożywienie było ścierane i mielone.

Dlaczego dinozaury wyginęły?

Istnieje kilka teorii wyjaśniających wyginięcie dinozaurów. Najbardziej prawdopodobna jest teoria dotycząca meteorytu. Sugeruje ona iż przed 65 milionami lat w Ziemię uderzył olbrzymi meteoryt, który pośrednio przyczynił się do ich wyginięcia. Ponadto naukowcy uważają, iż już wówczas świat dinozaurów chylił się ku upadkowi, a było to ściśle powiązane z klimatem i dryfowaniem kontynentów.

Indeks

W skład serii *Chcę*

viedzieć wchodzą:

W skład serii *Chcę*

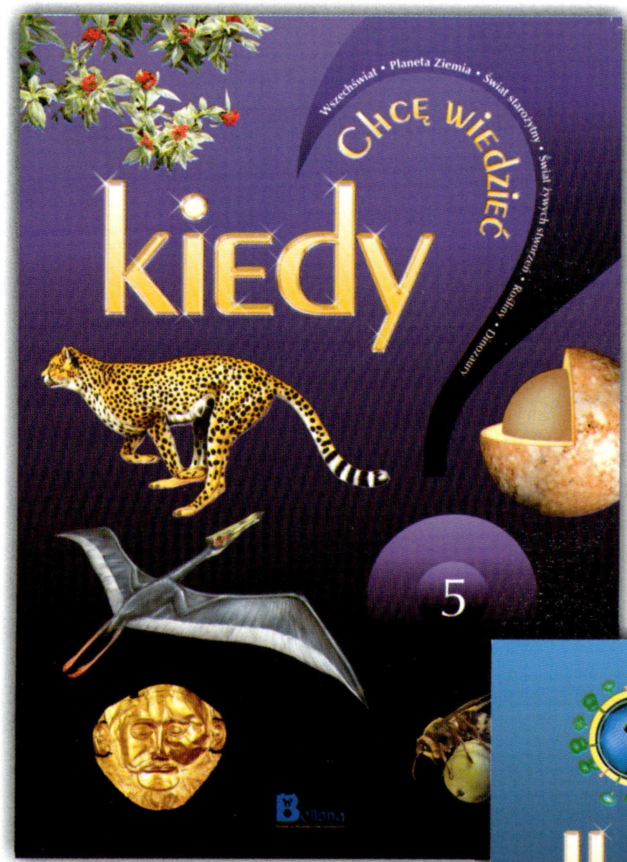

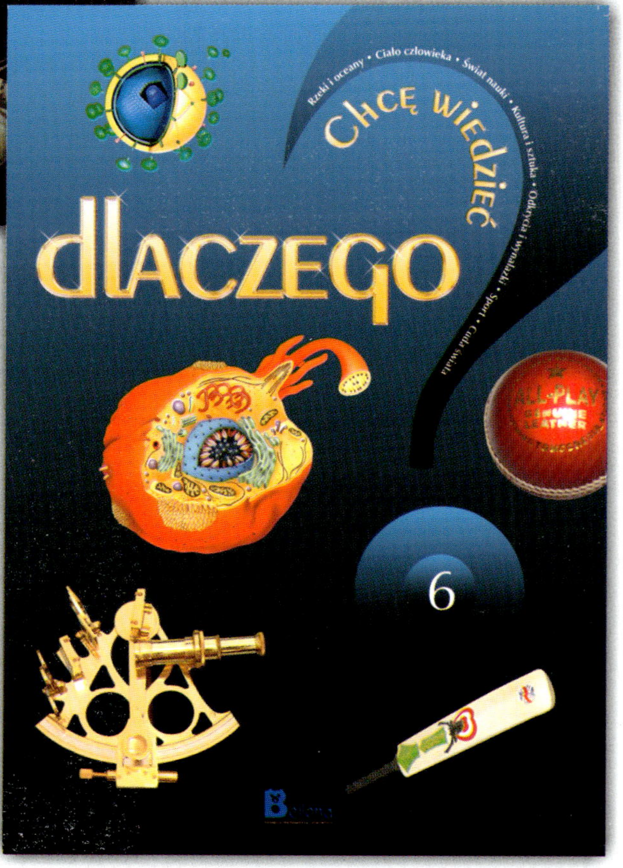

wiedzieć wchodzą:

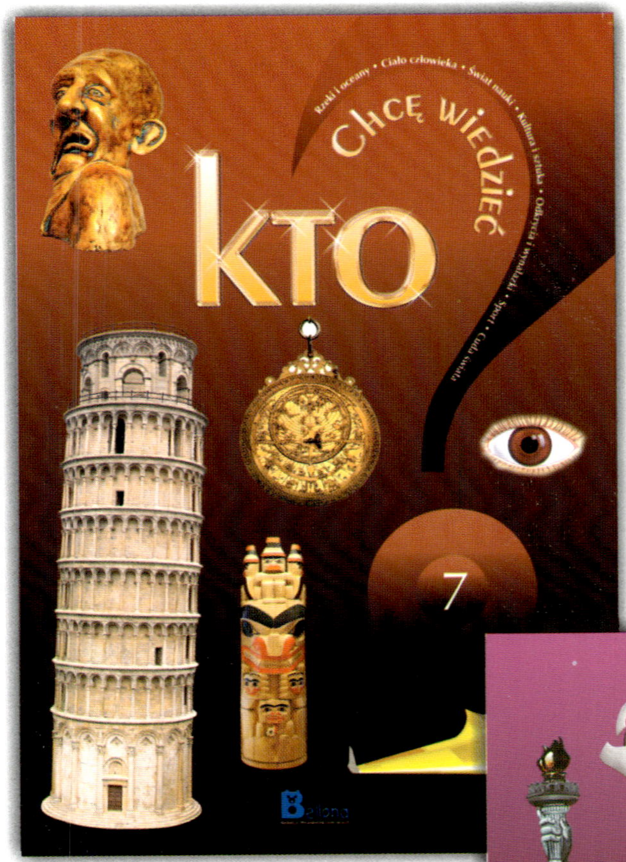

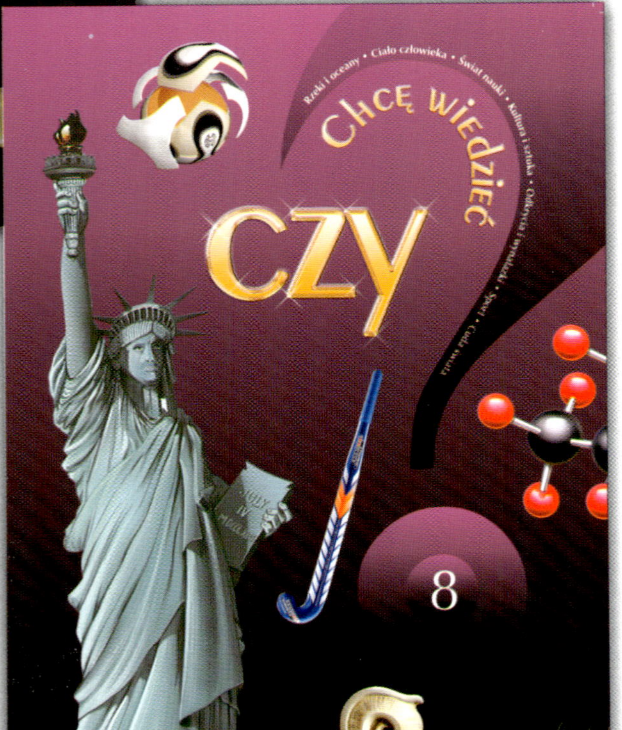

W skład serii *Chcę wiedzieć* wchodzą:

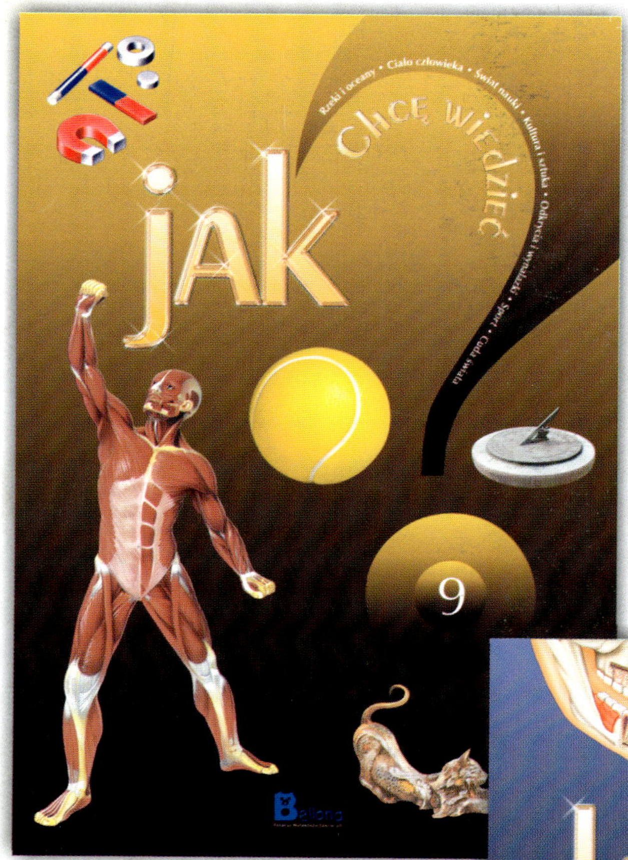

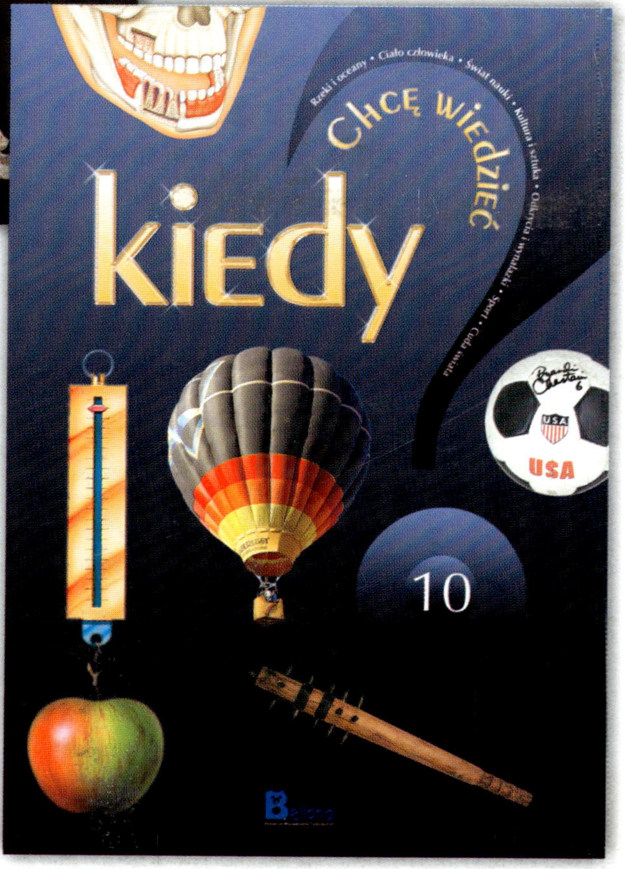